本书为小企业主和管理者而作，零起点阅读

管理之道

The Ugly Truth about Managing People

[美]露丝·金 著 耿林 译

ZHEJIANG UNIVERSITY PRESS
浙江大学出版社

浙江省版权局著作权合同登记图字：11 – 2010 – 133

目 录
CONTENTS

导论   1

第一章　我们之所以成为管理者   4

第一部分　有关管理之道的 50 个故事

1. 我被迫成为管理者   8

2. 我受到一个性感女人的骚扰   13

3. 我被老板羞辱   17

4. 我们需要一个明确的有关
   宠物的条例   20

5. 我如何管理孩子气的人们   24

6. 我建立了反裙带关系的
   规章制度   27

7. 军旅生涯教会我如何管理   31

8. 我的老板依据幻想运营企业   34

9. 我改变了公司的薪酬计划   37

目 录 }
CONTENTS

10. 危机管理   41

11. 忙于非营利协会使我

精疲力竭   44

12. 如何快速发现"A"级员工   47

13. 我不知道我的老板要什么   50

14. 我惧怕员工   54

15. 如何留住员工   57

16. 我的客户遭遇女老板的

性骚扰   61

17. 我的雇员找错了工作   66

18. 我们需要找到妥协的方法   69

19. 我及时解决了问题   73

20. 我如何管理全球运营   76

21. 我教诲满腹牢骚的年轻人

如何服务于顾客   79

22. 我的下属之间针尖对麦芒   82

23. 我雇了个酒鬼   86

24. 我如何管理雄心勃勃的企业

家们并且倾听他们的诉说   89

25. 他的销售业绩掩盖了

人事问题 93

26. 问人们正确的问题 97

27. 我通过鼓励竞争达成目标 101

28. 我解雇了明星雇员 104

29. 介入家庭矛盾使我疲惫不堪 107

30. 我买了一家公司,并留用了

原来的企业主 111

31. 我留用了憎恨我的员工 114

32. 我将家庭放在比工作更

重要的位置 118

33. 总裁企图威吓我 122

34. "我们必须分道扬镳了"

简直是天籁之音 126

35. 管理启动我们的家庭品牌 130

36. 一个家庭企业主怎样计划好

继承事宜 134

37. 我作出了铁石心肠却合乎

常理的决定 137

38. 我雇错了人 141

39. 我解雇了一位朋友 145

目 录
CONTENTS

40. 在我遇到个人危机时，我的

老板关心着我 148

41. 我从股份制企业转行做

时装清洗公司 151

42. 从"我们"的一员到

"他们"的一员 155

43. 在遇到危机之前就应

建立多样化的关系网 158

44. 指导者帮助我成功 162

45. 我遭遇堕落的老板 165

46. 性骚扰是可以接受的 168

47. 我不轻易相信 171

48. 我促使十几岁的青少年

发生了转变 174

49. 特许经营商不相信

我能成为一位有

效率的 CEO 178

50. 员工也有自己的梦想 181

目 录
CONTENTS

第二部分　你能做些什么

第二章　十七条关键的生存策略　　　　　186

第三章　促使新管理者继任

　　　　成功的六个步骤　　　　　　　　203

第四章　七条最大的管理神话　　　　　　213

第五章　至理名言　　　　　　　　　　　218

致谢　　　　　　　　　　　　　　　　　226

导　　论

在经营中，如何管理人是最艰巨的工作之一。选对经理人，企业可以无限成长；选错经理人，企业很有可能走向失败。

每一个企业，从最大的财富五百强企业到只有一个股东的小企业，都有经理人。一个财富五百强的企业有不同层次的经理人。即使是首席执行官也需要向一位经理人汇报工作，这位经理人就是董事会。而只有一个股东的企业也会有多个经理人。他们需要向银行汇报，向顾客汇报，如果他们足够聪明，他们还会向他们的顾问团队汇报。

统计数据是令人胆寒的。小企业管理委员会以及其他研究机构都同意超过 75% 的小企业是在创办五年内倒闭的。错误的管理甚至可以导致一个大企业关门。安然和世界通信公司就是管理者导致公司倒闭的最新例证。公司的生存与发展需要好的——甚至是伟大的——管理者。

我们都曾遇到过伟大的管理者，他们能让我们展示自己最好的一面。他们帮助我们保持对工作的兴趣，提高生产效率，促进增长；他们的人品和专业水准，都有助于推动公司的增长并为公司带来利润。

我们中的许多人也曾遭遇过糟糕的管理者。我们厌倦为这些人工作，甚至导致厌倦工作本身。我们在为这些人工作时，会花费大量时间想找机会提职，换工作，或者去别的公司工作。在这些糟糕的老板的领导下，整个公司往往会遭遇销售和利润停滞不前、顾客得不到满意的服务的窘境。

好的管理者会得到员工的尊重。他们是积极的，富于创造力的，对人对事公平。他们目标明确，能够很好地应对困难，能够对产生的问题负起责任，而不是逃避问题。在这些故事中，你还能够分享到其他一些重要的、实用的管理技能。好的管理者能够创造使员工有效率地工作的环境，积极促进公司的盈利水平的提升。

所有管理者都会犯错误；聪明的管理者从错误中学习，并修正自己的行为。而聪明且富有经验的管理者能从他人的错误中学习，从而避免错误的产生。本书揭示了管理者可能遇到的问题。如果能利用好的方法来避免恶劣情况的发生，你能成为更优秀的管理者，并为与你共同工作的人们创造更好的工作环境。

在本书第一部分，你将读到一些管理者的小故事，其中有好的，有坏的，有些甚至是丑陋的。你会看到好的管理者、好的管理团队如何很好地服务于他们的客户，采用各种方法帮助他们的企业生存下去。第二部分的标题是"你应该怎么做"，这一部分讨论了关键的管理者生存战略，这些讨论可以为你提供处理危机的有效方法。最后，是一些成功管理者的至理名言。

我曾与很多管理者沟通了我出版本书的意图。但是，由

于律法问题，以及企业条文的约束，其中许多人拒绝与我们
分享他们的经历。而那些同意与我们分享的人们则希望我们
从他们的成功中汲取营养，从他们的失败中吸取教训。他们
希望能够帮助我们成为更优秀的管理者。

在有些故事中，管理者或企业的名字采用了化名。书中
所涉及的管理者供职于不同规模的企业。其中一些故事来源
于被员工评价为糟糕的老板们，你从他们的叙述中也能学到
东西（尽管你会体会到他们的痛苦）。其中有些人负责一个
管理团队，有些人则是独立的管理者。一些人管理一家公
司，而另一些人则可能负责销售、财务，以及运营等具体业
务。当然，还有些人管理的是家庭企业。通过阅读本书，你
可以学到如何成为一个好的管理者，如何为你的公司创造利
润，如何帮助你自己以及你周围的人取得成功。

第一章 我们之所以成为管理者

"管理者"、"管理"、"老板"这些词汇让人们联想到很多景象，这些景象中也会掺杂一些负面的因素。有不少人从那些对自己不好的老板那里学到了如何做一个管理者。我总是听到这样的话，"由于我遇到了一位糟糕的老板，所以我学会了如何做一个好的管理者"。事实正是如此，差劲的管理者可以教你如何成为一位好的管理者。我本人也有类似经历，糟糕的管理者使我逐渐明晰我希望成为的管理者的特征。

我愿意看到人们取得成功。我经常提携年轻的、有理想的大学毕业生——我给他们自由去做他们自己的工作，有时他们需要通过问责的方式，通过经历艰难困苦去学习。从年轻的管理者第一次面试时，我就开始引导他们。他们给表现欠佳的员工写的第一封惩戒信，或者第一次解聘员工都将是他们受益终生的一堂管理课程。

一天，当 iBusinessChannel. com 网站的制作人（当她刚刚大学毕业时，我雇用了她）走进我的办公室，对我说我教她的比她在学校 MBA 课堂上所学到的多得多时，我意识到我已成了一名好的管理者。她将辞职报告递给我，表示她打算去追逐自己的梦想。我感谢她，并祝她好运。我没有与她争执，也没有说服她留下来。我知道我当时最好的选择就是放她走。是时候让她去尝试下一个职业生涯了，正是由于我的原因，她觉得自己已经准备好了。对我来说，这是多么大的褒奖。

我愿意看到每一个为我的团队工作的人获得成功。

每个人都有自己待开发的优势。不要害怕犯错误——事实上，我们的员工守则中都有这样的规定，如果你犯了某些错误而被发现，那么你将被解雇。我也曾执行过这样的规定。无论你犯了多么严重的错误，无论改正错误要付出多么大的代价，勇敢地承认它——这一原则对我个人和所有其他人都适用。每一个人都知道，长远来看，承认错误远比隐瞒它要好得多。我们公司没有人害怕危险和失败。只要是合法的、符合伦理道德的，我们将尽一切努力帮助我们的客户和团队成员。失败了又怎样？我们将从中学习，并继续前进。

现在，你们知道了我为什么要做管理，思考一下你们又为什么要做管理者。为了威望？为了权力？为了挣更多的钱？很多人渴望成为管理者；有些人甚至希望能领导很多人。你有这些想法吗？通过阅读本书的故事，你会看到作为一个管理者所需要的技能与做一份普通的朝九晚五工作所需要的技能常常是不同的。实际上，管理者通常需要工作更长的时间，比他领导的团队中的其他成员更辛苦。

你是否愿意用一生的大部分时间来为一个团队负责？你是愿意做比较轻松有趣的工作，还是做比较困难的工作？雇用工作也许是一个噩梦，而解雇则轻松得多。

> 每个人都有自己待开发的优势。

你可能发现自己喜欢管理工作。你也可能发现自己讨厌管理，希望回到被提升为管理者之前的工作状态。如果你确实发现自己不喜欢管理工作，那么你回到成为管理者之前的工作岗位上应是好的选择。

但是如果你发现自己确实喜欢管理工作，并打算继续做此工作，那么与你的老板分享你的商业目标。他应该是你达成这些目标的支持者和指导者。他应该能够帮助你建立达成这些目标的时间表和步骤。

对于经营自己生意的企业主，企业外部的顾问能够帮助你建立和达成企业目标。这些目标是现实的。顾问应负责帮助你完成目标，并在前进的道路上引导你。

要搞清楚你为什么想做管理工作：这是成为伟大管理者的第一步。随后，阅读这本书可以减少你犯错误的机会，增加你成为成功管理者的机会。

要搞清楚你为什么想做管理工作：这是成为伟大管理者的第一步。

第一部分　有关管理之道的 50 个故事

1. 我被迫成为管理者

李·斯特里克兰

福克斯资源公司

我是参加财富五百强企业行政管理培训项目为数不多的女性学员之一，我上的第一课是去一家制造业工厂开展工作。作为一名女性，我可以选择参与生产车间的流水线作业。我接受了这一任务，以助理生产监督员的身份开始了工作。

我被分配在第二班，这一班的工作从凌晨3点开始。我所在的班组里有14名男性员工，整个工厂收益的1/3来源于这一班组。我的团队负责将产品安装在每辆车上。尽管在开始工作的第一周里，我承受了太多的戏谑和嘲弄，我还是感觉这个工作非常有趣。

当我在第二周的头一天来到车间时，发现组里的那14位男性员工正在等着我呢。他们告诉我，我已经荣升为监督员了。我大笑道："伙计们，别开玩笑了。"因为之前并没有人通知我前任监督员离开的消息。

然而，我很快意识到他们是严肃的。我心里嘀咕起来，"在新的监督员到来之前，我得熬过6个小时。我不知道怎么搞发明，我不能区分零部件，但是流水线不能停下来，因为这样会造成上百万美元的损失。更严重的是，我不熟悉工会条例，也不知道应该委派谁去做什么工作。"尽管如此，我却必须让生产继续。

我告诉我的团队，"我们需要达成一个协议。各位已经在这里工作了 20 至 30 年的时间，而我仅仅来了一个星期。所以你们要负责让生产正常进行，而我则努力学习，并负责计算出如何使你们获得收入。"

6 个小时之后，我在管理会议上提出了我的疑惑和困难："为什么没有人通知我接任监督员这件事？"他们的回答是："我们认为你可以计算出来！"

我的团队成员实践了他们的承诺。他们教我如何搞发明，什么样的机器生产什么样的部件，以及工会条例容许我做什么，不容许我做什么。我每天（包括周末）从凌晨 2 点工作到下午 6 点。我们相互学习，合作默契。我们常常提前完成装配任务。

一天，有件事情令我很震惊。我发现工人们完全靠头脑记忆什么机器用多长时间生产什么产品。我是一个善于用数据表说话的 MBA。我认为，应该用更好的方法来记录这些重要信息。我未经许可弄来一部电脑，并让所有人认同这台电脑的重要性。

在班组所有成员的关注下，我开始记录每台机器的功能，需要怎样的创新、生产时间，以及工序之间的衔接等信息。我利用这些信息找出了如何最大化生产效率和产出的方法。

工会成员发现我的做法非常鼓舞人心。当我的计算得出结论时，他们同意只要我不向管理部门透露信息，就为我打掩护，并努力生产更多的零部件。他们发现我学的很快，并且乐于提供帮助，自愿去清理机器；只要他们需要，我都尽力去做，作为回报，他们也乐于为我提供帮助。另外，我还利用电脑决定怎样使生产正常进行，以及如何控制开关机器的恰当时机。由于我不具备 30 年的生产线工作经验，因此我需要表格和数据来帮助完成工作。而我的这一做法成功了。

在管理层会议上，我站在我的团队一边。当团队出现错误时，我为团队承担责难，而不是将责任推给团队中的某个人。让生产线正常运转是我的责任，因此是哪个人的错并不重要；我有义务承担责任，并负责去修正错误。这一做法成为我被团队接纳的关键因素。当我知道我有了一个外号——贵妇时，我意识到我终于通过了团队成员的检验。

当然我也有我的原则。我不容许团队成员抱怨，当错误出现时，他们必须让我知道。作为回报，我尊重他们并承认他们的能力。我们创造了一个很棒的团队。我的团队支持我。还是有不少人并不希望在工厂的车间里看到一个女性 MBA。当某些人打算反对我的时候，我的团队成员就会适时提醒我，这样我就可以避免事情的发

> 让生产线正常运转是我的责任，因此是哪个人的错并不重要；我有义务承担责任，并负责去修正错误。

生。他们告诉他们的工友不要找贵妇的麻烦，因为她是好样的。我从未受到工会的责难。

我在工厂车间3个月的时间里，曾一度用我的表格来确定关闭一条生产线以确保其他生产线正常运行。在一次前往管理层会议的路上，我通知我的装配经理有一条生产线应在早晨10点停下来。因为我已计算出那条生产线所生产的部件量已提前达到要求，因此这条生产线应该停一停了。

在那次会议上人们啧啧称奇——他们简直不敢相信我能作出这样的预测。我使他们确信我已做出了模型，而且我的模型可以做到这一点。早晨9点56分，那条生产线停了下来，当时管理层的所有成员都在场。我坐在电脑后面，而第一次所有人都想知道我从哪弄来这台神奇的电脑。接着大家都想知道我到底是怎么做的，因为我的模型成功了。我终于升职了，离开了那家工厂。

我 的 经 验

勇于说"我不知道"，并且接受比自己更有工作经验的人们。通过向他们请教来赢得他们的尊重。不耻下问，努力学习我需要学习的东西。

公平地对待团队中的所有成员，并尊重他们。

当问题出现时要勇于承担责任，而不是去责备其他什么人，这样才能赢得别人的尊重。我帮助别人，别人才会愿意帮助我。

如何在你的公司应用上述经验

应该有幽默感。如果你不能笑对嘲讽和戏弄，你的生活会比较痛苦。

承认团队中每一位成员的贡献。要认识到每个人的重要性，并了解每一个人的特长所在。

作为监督员，你应该为团队的整体表现负责。如果出现问题，那么问题在你，而不在团队中的某个人。当与管理层对话时，你应代表你的团队接受责备，而不应责备任何人。当然，在私下里，还是应该对犯错误的人进行相应的处理。

2. 我受到一个性感女人的骚扰

匿名

我是一家大型批发企业的经营经理，负责仓储和一个分销机构的管理。由于我所负责的分销机构业务成长迅速，需要增加一些人手，所以我要求分销经理帮我招聘一个人来我的办公室帮忙。苏（化名）前来应聘，并通过了面试，获得了这份工作。她二十五六岁，她的丈夫遭遇了工伤事故。苏竭尽全力想保持家庭收支平衡，因此她太需要这份全职工作带给她的收入了。

从苏的各项表现来看，她是一个勤奋的人。与这里的其他人一样，她几乎每天都穿着牛仔裤和法兰绒衬衫。然而，她有时也会穿上裙装，展示她的魅力，仓储部门的所有男人都迷上了她。

我住在离我的办公地点南边25英里的地方，而苏的家则在我家南边15英里的地方。一天，她问我是否可以搭我的车上下班，这样她可以省些汽油费。由于我妻子总是抱怨我每天都很晚回家，因此我就答应了苏的请求，这样我就有理由早些离开办公室了。第二天一早苏驾车来到我家，然后她就搭我的车去上班。

大约两周时间过去了，一切正常。然而，一天下午，在回家的路上，苏对我说，"我丈夫残废了。我已经很久没碰过男人了。我们可以一起乐一乐。"

她的话让我很震惊。我回答，"我是你的上司。我不想再听到这样的话了。你今天的行为是不可接受的，咱们的拼车协议到此结束。"她却说现在已不是工作时间，如果我在路边停车，她会让我见识她的魅力。

我告诉她，我认为现在还是工作时间，同时我还将把她今天的作为告诉其他人。她哭了，并且向我道歉。当我们到我家门前的时候，她要我保证不把这件事告诉任何人。

晚餐时，我沉默寡言，还有点心神不宁。我妻子问我发生了什么。当我将刚刚发生的事情告诉她后，她只说了两点。第一，她从未信任过苏（我妻子有预知问题的第六感）。第二，她认为，尽管我答应苏不告诉任何人，但我应该把今天所发生的事情如实记录下来。我妻子说，如果我不把今天的事写下来，我会后悔一辈子。当时，我并没有意识到她的话是多么正确。

那天晚上，我把事情的经过详细地写了下来，我妻子还进行了审阅。第二天一早，我径直来到老板的办公室，对他说，"我需要提请您注意这件事"，并且将我前一天晚上所作的记录交给了他。他立即打电话给劳工律师，并将我的文本传真给了他。几分钟之后，律师回电话说，我的文本应该立即拿去公证，但我们公司的律师不能做公证人。公司的律师派了一个助手去做公证。他还告诫我们不要对任何人说起

第二天一早，我径直来到老板的办公室，对他说，"我需要提请您注意这件事"。

这件事。

这个周末，公司将在距离我的分销中心 150 英里的一家酒店举行会议。公司所属 30 个分销中心的所有人员，包括苏都将参加这次会议。当我入住酒店时，我打听了一下哪位同事将和我同住一个房间，谁将住在我隔壁的房间。令我惊讶的是，苏和我竟是邻居。

我要求前台给我换个房间。他告诉我由于酒店没有空房间了，所以没办法帮我换。我打电话给我的一个老朋友，他也将参加这个会议，请他跟我换一下房间。我并没有告诉他原因，只是让他相信我。他答应了。

一天的会议结束后，我回房间休息。大约晚上 11 点左右，跟我换房的那位朋友给我打来了电话。他笑着说："真不敢相信，你对我这么好。我得到了一个生日礼物。刚才有人敲门，我打开门，看到苏脚蹬高跟鞋，赤身裸体地站在门口。我惊叫一声，重重地关上了门。"我朋友又问我到底是怎么回事。我告诉他没什么，然后打电话给老板，我们又把这件事记了下来并作了公证。

在下一个星期二的会议上，苏没有来。我们却接到了一封律师来信，信中声称苏受到了情感侵害、性骚扰以及不公正待遇。信中还声称如果支付她 100 万美元，这件事情就可以私了。

老板给劳工律师打了电话，律师告诉我们这是一个阴谋，也就是说我上当了。他给苏的律师发了一封信，并附上

我们之前公证过的那两份记录了事实真相的文件。劳工律师

向我们保证这件事情可以妥善解决，他做到了。

我 的 经 验

我妻子是对的。如果我没有听从她的劝告把所发生的事

情记录下来，事情就会有完全不同的结局。

如果我们的劳工律师没有要求我们进行公证，之后的问

题将会很棘手。他们可能会说我记错了，从而使我们损失

100 万美元。我意识到作为分销部门的经理，我应该能够及

早认识到问题的严重性。

如何在你的公司应用上述经验

应该详细记录与年龄、性、种族、信仰以及宗教有关的

任何事件，不管它们看上去多么微不足道。因为你并不知道

事件所涉及人员的真实动机，所以事后你可能需要相关记录

事件细节的文件。

你公司内部的律师是没有权利为你作公证的。你需要公

司之外的某个律师事务所为你作公证。

你必须找一个好的劳工律师。我们公司的劳工律师立即

意识到了潜在的阴谋，并提前采取措施为我们提供保护。

3. 我被老板羞辱

匿名

我是一家公司服务部门的经理，工作非常繁忙。我的部门正处于跨越式增长时期，因此我超负荷工作，并承受着很大压力。我的一位手下总是不能正常地完成她的本职工作，迫使我不得不替她完成她应做的事，结果面对堆积如山的文件，我的进度拖后了。我开始考虑找人来代替她。我们的工作之一就是计算公司员工的薪水。我竭尽全力，每周能够勉强按时完成计算，有时也会稍晚几分钟。

我的老板，也就是公司的拥有者。他打算培养一批高级经理人员。他的策略是对他的经理们不断地提要求，尽其所能向我们施压。他想看看你是否反抗，以什么方式反抗。他将与通过这一测试的经理人员建立更紧密的关系。

一天，我的老板对我说：他和办公室经理要找我谈话。我一走进他的办公室，他就对我说："坐下，请听我说。"接着，他就开始连珠炮式的说话，不允许我插一句话。由于我不能按时计算薪水，他们打算书面警告我。我这一辈子从来没有接到过什么书面警告，而且在我看来他们所说的理由也太微不足道了。问题是，我并没有做我不应该做的事，比如盗窃，以及与此同等严重的事。而且，我总是被要求帮别人干这干那，而我总是能帮他们按时完成任务。我的老板和办公室经理是知道我的处境的。他们应该知道我已尽最大努力按时核算薪酬了。

我老板连篇累牍的激烈言辞，使我越来越愤怒了。由于他根本不给我机会为自己辩护，我忍无可忍地站了起来，双手撑在桌上，用最简单明了的语言表达了我的想法，"去你的"，随后一转身走出办公室。

这一刻，我最最希望的就是马上不干了。我被气得直哭。我回到自己的办公室，开始收拾自己的东西。随后，我就离开了办公大楼。

在开车回家的路上，我哭着打电话给我的男朋友，"我想我们要考虑一下工作问题了"。我把刚刚发生的事情告诉了他，并且说明早就不想上班了。无论我多么愤怒，我都得不到一点点尊重，而且没有任何辩解的机会。

第二天一早，当我正在清理我的办公桌时，老板走了进来，并且把门关上。我等着他解雇我。令我震惊的是，他竟然是来向我道歉的！他意识到他向我施压过了头，他领教了我的反抗方式。他说当我愤然离开的时候，他不知道是应该继续压制我还是拥抱我。然后，他静静地看着我（办公室经理则一言不发）。

这件事是我和老板关系的一个转折点。我不再害怕表达自己的意见了。这件事开启了我们的良好沟通，我也因此赢得了尊重。我没有再诅咒过他。

他意识到他向我施压过了头，他领教了我的反抗方式。

我 的 经 验

只有对与我关系密切的那些人，我才可以做冒险的事情。在我没有与我的老板建立比较密切的关系之前，我不应该诅咒他。也许，我应该默默地走出办公室。

紧张的状态是一个转折点，实际上它给了我们第二天平静地讨论问题的机会。他成为了一位优秀的领导者，他帮助我成长，帮助我取得了成功。

如何在你的公司应用上述经验

信任管理者必须建立自己的势力范围。这需要经常的、坦诚的沟通。你必须学习要想成功，哪些事情能做，哪些事情是不能做的。

企业主有可能犯错误。有时，需要极端的压力环境才能使他们意识到自己的错误。而且，一个有魄力的企业主能够承认自己的错误，认清形势，而不是简单地解雇员工。

4. 我们需要一个明确的有关宠物的条例

理查德·伍兹

FlexHR 合伙人公司

FlexHR 公司为那些很小的企业或者不需要独立的人力资源部门的企业提供人力资源服务。我们的一个客户允许饲养宠物的员工带宠物上班。不幸的是，他们没有建立相应的制度来约束宠物以及宠物主人在办公室的行为。

这个企业中的一位女员工特别害怕他的一位男同事饲养的一条狗。令她烦恼的是，这条狗总是进她的办公室，而它的主人并不加以阻止。她礼貌地向那位男同事抱怨，请他让狗呆在他的办公室，并关好门。他拒绝了她的请求。她多次交涉未果，公司还要求她换一间办公室。她很生气："我为什么要换办公室？他为什么不能让狗呆在他的办公室，关好门呢？"

一天，在女员工多次抱怨后，那位男员工被激怒了。他扔了两个装复印纸的箱子挡在她办公室门口，以阻止狗进入她的办公室。他使劲捶打他办公室的墙壁，咆哮着辱骂她。不管是否带宠物，在办公场所出现这种行为都是不可原谅的。不幸的是，没有人立即站出来谴责他。这位员工还发了封电子邮件，邮件内容是狗的照片，和一句话，"请不要虐待我"。这一来，形势就更加难以控制了。

通过观察，我发现不同的人有不同的做事方式。这个企业的总裁想要建立一个对宠物友好的工作环境。尽管允许带狗上班违反租约，他还是赋予他的员工带宠物上班的自由。另外，经理也不想辞退那位男员工。由于那位男员工可以为公司带来巨额利润，经理认为对公司来说他是相当有价值的。

但是，那位女员工同样能为公司创造很高的收益。她要求公司针对宠物制定一些规章，并且辞退那位男员工。这样一来，整个公司的员工分化为两个阵营，争执不休。

在这种情况下，我介入了此事，发现我面对的是一种前所未见的尴尬境地。这些受过高等教育的人们，当时的行为如同两岁幼童。他们不是富有效率地工作，而是完全卷入到这场争执中。我认为那位男员工因其行为粗暴，理应被辞退。很明显，我必须采取行动了。

首先，那位男员工接到了一封惩罚信，信中只字未提关于狗的事情，仅仅涉及他在办公场所的不当行为。这封信明确指出，公司不能容忍在办公场所咆哮、谩骂以及捶击墙壁等行为。他被禁止带宠物上班，并参加了一个强制性的冲突管理培训。

随后，公司起草并出台了一项正规的宠物管理规定。虽

他们不是富有效率地工作，而是完全卷入到这场争执中。

然有些事情是所谓的常识，但在这种情况下，还是应当形成正规文件。文件的主要内容是：任何打算带宠物上班的员工必须管好自己的宠物，否则，就会被禁止携带宠物上班。

我 的 经 验

我找不到标准的有关工作场所的宠物管理政策。爱护动物协会有一些相关文章阐述宠物友好政策的正面影响。然而，每一家公司都应根据具体情况制定自己的宠物管理规定。另外，我找不到任何有关宠物管理规定的诉讼案例来帮助我们形成自己的宠物管理章程。

我认为当那位男员工做出骂人，以及将复印纸箱子扔到别人的办公室门口等行为时，他应该立即被解雇。他的行为是对办公场所正常礼仪的漠视。

在事件发生和公司采取行动处理之间隔了太长的时间——几乎是 3 个星期。应该在问题刚刚发生时，立即采取行动。那么这一事件就不会升级为一次大的危机，造成所有人都不能安心工作。

如何在你的公司应用上述经验

如果你发现什么不当行为，应立即采取行动。如果不这样，小问题可能演变成大危机，事态会变得越来越严重，也许会造成所有员工都不能专心工作。

如果你的公司允许宠物进入办公场所，一定要确保这一规定与租约相吻合，而且你还要建立正式的章程来规范宠物的行为，并对不当行为设定相应的惩罚措施。

5. 我如何管理孩子气的人们

马克·米勒

我刚刚年过 30 岁，是一家仪器仪表公司的销售人员，负责南部地区的销售工作。我的销售业绩很好，因此可以拿很高的佣金。因为出色的销售能力，我得到了老板的赏识。一天，我接到通知，要求我去趟总部。我从休斯敦飞到匹兹堡，我被任命为匹兹堡地区的销售经理。我的老板给我升职了，我接受了这一职位。

在驱车前往机场的路上，我对管理还一无所知。公司并没有管理培训项目，所以我只能靠自己了。我在机场仔细挑选了一本管理学的书，在飞机上认真地阅读。我并未意识到我还会遇到更头疼的事：佣金变少了，还有 4 个平均比我年长 10 岁的"孩子"要我来管理。

这几个年长的家伙经常嘲笑我。他们会用这种话来戏弄我："既然你是一位伟大的销售人员，那么你来教教我们这种情况下该怎么办呢？"他们假装不知道如何销售。我不得不花大量时间东奔西跑，不断地给他们打电话。他们还从公司骗取并不属于他们的东西，比如去拉斯维加斯的商务旅行。我很明白他们怎样在背后嘲笑我。在他们眼里，我是一个什么都不懂的娃娃销售经理。

这些家伙总是做一些本不该做的事。只要我不帮忙，他们就不销售。他们还总是"忘记"交销售报表。终于有一天，我突然想明白了，管理这些销售人员就如同带孩子：如果他们想要什么，你就给他们什么，他们就会被宠坏。看来，我应该设法控制这帮被宠坏的顽童了。

我开始设法修理他们。我决定当他们不交电话记录以及其他文本的时候，我采取不予理睬的态度。然而，我却犯了一个严重错误，我不该不帮助他们完成销售任务。如果不帮他们完成销售任务，所有人都会是输家：他们得不到佣金，而公司也会损失利润。我很快改变了策略。

我的老板并不向我提供任何帮助；我只能靠自己。通过与其他公司和我类似职位的人们交谈，我终于发现他们遇到的问题跟我很相似。同面临相似处境的人们一起想办法，使我获益颇丰。

另外，我还从我妻子那里获得了意想不到的帮助。我妻子是一位小学教师。她告诉我她是如何控制和管理学生的。我发现她的一些方法可以适用于我目前的工作环境。因为我的这几位销售人员的行为就像是孩子。她的办法是：明确地表达她对他们的要求和期望，对好的行为立即提出表扬，对坏的行为立即采取惩罚措施。

经过最初 6 个月的试错过程，我逐渐赢得了我手下几位销售人员的尊重。一年之内，他们的销售业绩提高了，整个

明确地表达她对他们的要求和期望，对好的行为立即提出表扬，对坏的行为立即采取惩罚措施。

匹兹堡地区销售工作取得了明显进步。由于我出色的工作成绩，我又升职了，在新泽西展开新的工作。

我 的 经 验

管理愤愤不平、不成熟的员工所需要的技巧与管理孩子们所需要的技巧是一样的：你需要扮演保姆、良师益友和领导者的多重角色，才能成功管理他们。

我认识到我工作的主要任务就是要让他们感到愉快。我需要帮助他们应对销售的周期波动所带来的销售旺季和淡季，这样他们才能赚钱，而不是要他们把注意力放在如何按时呈交销售报告上。

如何在你的公司应用上述经验

尽快尽可能多地掌握管理技能。如果需要，要积极要求参加管理培训。如果你所在公司没有这种培训项目，就试着参加你所在企业之外的这类培训（例如，战略营销管理项目）。

应该引导销售人员，而不是监督他们。大多数情况下，好的销售人员可以形成销售工作所必需的，为自己鼓劲的各种技能；你应做的就是帮助他们看得更全面，帮助他们达成他们的目标，而不是对他们的日常工作进行微观管理。

6. 我建立了反裙带关系的规章制度

匿名

我曾就职于一家成长中的安防承包公司的分支部门，当时我是这一部门的人力资源总监。我进入这一部门时，这里有 1 500 名员工；当我离开时，员工人数已增长到 2 500 人。一开始，我遇到的首要问题是，由于人员流动率太高，公司总是缺乏需要的人员。新人一旦完成培训后，就会急于跳槽。

通过观察，我发现造成这一问题有许多因素，而其中最致命的原因就是在公司管理层蔓延的裙带关系。经理们雇用自己的丈夫、妻子、儿子、女儿、表亲以及其他家庭成员。家庭成员们在同一部门工作，并且互为上下级。员工得到晋升不是因为业绩突出，而是因为认识某人。依我了解的情况来看，在这样的环境下，拉关系比努力工作更有益。那些有潜力的人由于无法通过努力工作得到晋升而离职。

丈夫和妻子在会议室吵架。一位秘书的前夫总是纠缠着她。如果这样的情况持续下去，企业将无法实现目标从而继续成长。终于，转折点到来了。一位产品经理雇用了她的情人。她秘密地和她丈夫离了婚，并与她的情人结了婚。这桩婚姻最终也破裂了，然而她已经雇用并提升了他。这种行为已经严重违规。

针对这类事件，我撰写起草了反裙带关系的规章制度。我知道应首先游说企业的管理层。为了这项规章制度能够实施，我对管理层进行了大量的劝导和游说工作；而他们担心的是如果施行反裙带制度，我们可能无法找到足够多的称职的人员来应对快速增长的业务，这样将使企业损失更为严重。最终，我还是让他们相信对雇用程序进行更好的控制能够节约成本，提振士气，增进效益。

我以那些发生在会议室的戏剧性的争吵和离职记录文件（通过外部访谈获得）来佐证那些有能力的人由于和经理没有什么特殊的私人关系而得不到晋升的机会。这种情况必须停止。我向老板们保证如果我拟的新政得以实施，离职率就能下降，最终他们采纳了我的建议。

我意识到说服老板是一项艰巨的任务，而让团队领导和部门经理们确信这是最好的制度几乎是不可能的。他们当然愿意继续雇用他们的家庭成员。他们仇视我，向老板抱怨，但是于事无补。

在我的推动下，公司实现了三个目标：（1）根据潜力、证书和以往的成功经历雇用人员；（2）以工作表现和贡献大小作为晋升的依据；（3）根据工作完成情况而不是根据血缘关系确定是否涨工资。领导者需要认可和奖励正确的行为。

领导者需要认可和奖励正确的行为。

我的反裙带关系新政成为促成以上一系列变化的催化剂。

首先，我们保留所有已在公司就职的家庭成员们；然而家庭成员之间不再有直接的工作关系，甚至不安排在同一部门工作。

新政带来了对工作表现的公正评价和公正的加薪机制，高层管理者开始意识到我的诺言兑现了——公司的离职率开始下降。

我 的 经 验

雇用家庭成员从来都不是达成招聘目标的解决之道，尤其是在大型上市公司，实际上，雇用家庭成员常常给公司带来不利影响。招聘目标必须与完备的人才保留策略紧密联系在一起。一个公正的、不偏不倚的领导团队是至关重要的。

我要做正确的事情。我发现有能力的人因为受到不公平的对待，由于公司提升人员看的不是工作成绩，而是裙带关系等原因而离开。我为变革而战，虽然付出了整整六年的努力，但这是值得的。我当时制定的政策至今依然有效，现在这一政策与其他许多公平的、一致的措施帮助提升了人们对企业的忠诚度，提升了人们的工作业绩；人们的职业道德也有了日新月异的进步。

即使是在人力资源部门，耐心和营销技巧也是必备的技能。我必须向我的上司、我的下级管理者以及我的员工们推销我的想法和理念。推行新政可能会遇到阻力，我必须找出克服困难的办法。

如何在你的公司应用上述经验

家庭成员不应在一起工作。许多大企业有这样的规定，如果在同一部门工作的两名雇员结婚了，那么其中之一就要离开该部门。

在较小型的企业和家庭企业，将家庭成员分开不是一件容易的事。你应特别小心不要显露对家庭成员的特殊待遇——否则，有才能的人会认为在这样的环境下无法得到晋升，而选择离开。

反裙带关系政策并不适用于所有情形。一些家族企业很好地处理了这一问题，这些企业拥有忠诚的、工作勤奋的非家庭成员。

7. 军旅生涯教会我如何管理

弗雷德·陶彻

我是"大屠杀"的幸存者。1946年9月我来到美国密苏里，投奔我的堂兄，那时我13岁。我本以为所有的美国人都是富有的，但是当我来到纽约，发现街上有不少乞丐，我发誓如果我有机会帮助他人，我一定会做的。这就是我的管理计划的起点。而军旅生涯对我的影响更大。

我高中毕业后参了军。我被派到韩国，我的工作是用IBM的打卡设备跟踪记录伤亡人数。这类设备（也称制表机）由插线板和电线构成。我们今天所熟知的电脑那时是不存在的。一天，我的指挥官失踪了，我在战场上被火速提升为准尉军官。一个刚刚应征入伍的人被分派来协助我。

我的管理课程开始了。我学到的第一课是，己所不欲，勿施于人。公司中所有的工作都应是我自己愿意做的。实际上，对于一个电脑公司，道理也是一样的，我们不得不每5年左右重构自己，以便跟得上新技术的脚步。回溯20世纪60年代，我们负责主机的工作，需要24小时倒班。我每天凌晨一两点钟到办公室，这样每一个班次的人都可以见到我，与我交谈，并且明白我随时

> 公司中所有的工作都应是我自己愿意做的。

可以提供帮助。

其次，不要凭着第一印象做事，必须尽可能推敲所有细节之后再作决定。1976年，我雇用了一位刚刚被空军解雇的年轻人。他兄弟的公司是我们的一位客户，他兄弟向我强力推荐了他。他来面试的时候，语出惊人，"我兄弟让我来见你，可是你并不需要人，是吗?"我被他生硬的诘问镇住了，尽管他不善于与人沟通，我还是雇用了他。为什么呢?因为我熟知他兄弟的职业道德，所以我打算在看到他的工作表现之后再作是否留用的决定。他是我的第一位男性核心操作人员，我安排他上夜班，在一位女性管理人手下工作。不久，这位管理人就对他在工作上的优异表现和与人和谐相处的能力表示惊讶。现在，他已是我们公司的管理人了。

第三，要尊重每一个人。不要让任何人觉得低人一等。军旅生涯常常提醒我换位思考，如果你是你手下刚刚入伍的新兵时，你会有怎样的感觉，并且要以此为参照管理新人。

我常常将这些经验用于公司的管理实践中。我对员工表示赞赏。我总是平易近人，并且给员工比较体面的薪水和优厚的待遇。他们不必担心头顶上有什么玻璃天花板。我们像一个团队一样工作，员工们是和我一起工作，而不是为我工作。这些特点对于创造一个愉快的工作环境，使员工最大限度地提高工作效率至关重要。

不要让任何人觉得低人一等。

我 的 经 验

我明白企业与员工是同等重要的。保持一种积极向上的工作氛围对于企业能否取得成功至关重要。我尽可能像对待家人一样对待每一位员工。我要了解他们在工作之外的生活，以及他们的生活是如何影响工作表现的。

我痛恨偏见。我允许人们提出质疑，直到他们证明情况并非如此。在对一个人作出评价之前，要清楚这个人到底是个什么样的人。

要有献身精神。如果他们对于分内的工作没有献身精神，那是因为他们认为凡事可以指望你。

如何在你的公司应用上述经验

创造一种团队环境。作为领导，你应给团队环境定一个基调。如果你热衷于正在做的事情，团队中的所有人都会看得到，他们就会以积极的态度投入到工作中。要想成功，所有人都应向同样的方向去努力。让大家与你并肩工作，而不是为你工作。

你对员工的尊重会传导给客户。如果你的顾客看到的是一个很棒的团队气氛，他们与你打交道时会感到很惬意，他们很可能不断找你做生意。

8. 我的老板依据幻想运营企业

伊利莎·伊森伯格

战略和培训合伙人有限公司

在职业生涯的早期，我曾是一家公共贸易公司娱乐分部的审计员。我发现最难处理的问题是我的老板，也就是我们分部的头开会时不能忍受不同意见。在一次有 15 个人的会议上，他想做一件违规的事情。我告诉他这事是不能做的，可是他回答说，"哦，伊利莎，如果不这么做，我们将遇到财务危机。"其实这根本就不是事实，局面很尴尬。

会后，我看到人们轮番走进他的办公室。几星期后，我发现真正的决定是在之后的私下会议上作出的。最后一个走进他办公室的人对于决定有最大的影响力。

由于我的办公室就在他的隔壁，我可以看到公共会议后进出他办公室的人。我有意做最后走进他办公室的人，以确保最终的决定能按照我的想法作出。另外，我从不直接对抗和挑战他。通常我都如此表述我的看法："您也许可以这样想想这个问题……"

我只对盈利负责，对企业其他事务不过问。我尽力确保公司盈亏平衡。一天我收到来自公司办公室的大额账单。这一账单显示我们部门曾支出 100 万美元。我给公司会计人员打电话，希望弄清账目，并且提出可能账目有误。但他却肯定账目没错。

我花了整整一个星期的时间查遍所有支出账单，以便找出未经我签名的账单。结果还是找不到问题所在。接下来的星期一，我走进老板的办公室，告诉他 100 万美元大额账单的事。他告诉我，"从史蒂夫开始查起，看看能发现什么"。我问他为什么。他竟然说史蒂夫是离过婚的人，离过婚的人是不值得信赖的。我对他的说法非常震惊。实际上，史蒂夫是一位非常有能力的人。我真是难以想像老板对我们部门的其他员工是如何评价的。

我最终发现了这 100 万美元大额开销的源头。竟是老板本人干的！他把这些钱花在了他所中意的一些项目上，并未告知我这些开销。并且，这些项目开销也不在部门预算内。当我质问他这些开销的情况时，他的回答是，"我花钱不需要征得审计员的同意"。

我向他解释说，如果他不告诉我，我就不能作出正确的财务判断，我们部门也就做不到收支平衡了。此时我终于意识到，这个人一直生活在想像的世界里，而不肯面对现实。我开始寻找调离的机会，但是当公司另一个部门的头同意我调到他们部门时，却遭到了他的反对。在我管理财务期间，部门的利润增加了，开销下降了。尽管如此，我还是找到了机会调到了另一个部门，脱离了他的掌控。我调离一年后，他的部门破产了，他失去了工作。

我 的 经 验

这次失败的经历给我上了一课，它告诉我对于管理者来说，哪些事情是不能做的。我将这一经历作为我讲授管理冲突课程的案例。

分部的头有权按自己的意愿花钱，但是，如果他们足够聪明，他会在预算内花钱。决定在一些无关紧要的项目上花钱之前，他们应该想想哪里可以得到回报。

如何在你的公司应用上述经验

健康的讨论和辩论机制对于公司的成败至关重要。如果你的团队从不会就你的决定进行探讨和争论，他们只是扮演橡皮图章的角色，你是不会作出正确决策的——协作与讨论可以激发他们最棒的想法。

如果你雇了一位财务主管，就要放手让他去管理公司的财务。如果你花了钱，你需要让他知道，以免造成之后的惊诧。

9. 我改变了公司的薪酬计划

帕蒂·伽罗伟

Designs Down Under

我丈夫和我都是企业难民。一个偶然的机会，我们创办了自己的改建公司，并且尝试用我们以往的管理经验来运作我们的建筑企业。但是，我们的想法错了。

我们不善于同改建商打交道，对建筑工程也不熟悉。因此，我们选择与一家建筑商合作，我们搞设计，而他们负责施工。

我们的事业开始起步了，不久我们已经拥有了 10 位员工。我们雇用曾在企业中工作过的员工，并且按照正规美式企业的方式对待他们。我们习惯于人们为了薪水而工作，而且不需要额外的监管就能完成工作。我却不知道建筑工人是需要日常监督的。

我们通过朋友介绍来雇用员工。我们为员工提供午间休息时间和免费午餐。我按照工作时间表而不是实际工作表现支付员工工资。如果某位员工承诺星期四完成工作，我就相信他能够做到，而不过问和检查他的工作。

开始审查每项工作所花费的时间时，我们发现了问题。

许多工作严重超时。员工不能按规定时间完成工作。因此，我们几乎无法盈利。我意识到如果不改变现状，我们很快就会支撑不下去了。

我加入了罗利市的改建商行业协会，与同行业人士进行交流，从他们那里学习管理经验。协会中的另一位改建商同我进行了很长时间的交流，并为我们指出了失误所在。很明显，我们把小时工当作企业员工对待。这一方式应该改变。

结果，我们彻底改变了向转包商的支付办法。我们不再依据工作时间付薪，而是根据工作完成情况支付报酬，并推出奖金计划，同时要求为我们工作的人员上责任险。新的薪酬计划实施后，情形发生了180度转变，这些转变对公司的生存至关重要。

我们的工程主管人在管理、组织施工、监督工人等方面的能力比较差，也就是说他不具备一个工程主管人的技能。我们要求他辞职。他离职时，他同意按照协商好的支付计划偿还我们之前为他购买的一辆卡车的费用，这一切也是通过熟悉的朋友做中间人完成的。但是之后他从未向我们支付过任何费用，而我们并没有签订任何书面协议；他偷了我们的卡车。我们把他告上法庭，并且赢了官司。其他雇员见势不妙大都离开了，只有一个人留了下来，因为他们知道再也不可能从我们身上占到任何便宜了。

我们的顾客完全不知道这些变化。我们的工作交接没有引起任何涟漪。我们的确有一个为应对支付计划改变可能引

> 很明显，我们把小时工当作企业员工对待。

起雇员流失的备用计划，但是值得庆幸的是，这个计划并未真正派上用场。应该感谢我们的建筑商和改建业协会，我们终于找到了能够很好地合作、把每件事情都处理得井井有条的合适人选。

更换转包商，改变估计和平衡预算的方法最终给我们带来了巨大变化。我们的工作又开始盈利了，我们也不用担心工人们是否有效地工作。

我 的 经 验

找个帮助我的好顾问。因为这样就有人将我纳入他的保护范围，揭示我犯了怎样的错误，帮助我改正错误，从容应对劳动争议。如果没有顾问的帮助，我可能已被挤出这个行业。即使对于小公司而言，接触相关行业的从业者，加入行业协会也是有帮助的。

关于生产效率的故事，我们已听得太多了。如果不跟踪生产所花费的时间，我们永远不知道员工是否在规定的时间内做他们该做的事。一旦我们能够了解到真实情况，我们就能作出正确的决定。

如何在你的公司应用上述经验

如果你打算彻底改变公司的薪酬计划，一定要做好应对雇员离职的后备方案。在新旧薪酬体系转换过程中，你仍然需要认真服务你的顾客。

在建筑行业，找到值得信赖的人为你的项目工作是比较困难的。建立良好的口碑能够吸引人们为你工作。另外，从其他公司的经验中，你能够得到很好的启发。

10. 危机管理

匿名

2006 年 12 月 15 日凌晨 4 点 45 分，我所熟悉的一切在瞬间改变了。我丈夫叫醒我，让我送他去医院——他胸部疼痛，几乎不能动了。长话短说，圣诞节前的那个星期三，他接受了四重旁路外科手术。

当时，我意识到在这次危机过去之前，我不可能再专注于甚至不可能真正关心我的生意了。家庭更为重要；这是我经常向我的 15 个雇员灌输的理念。然而，我从未想过我要为处理家里的紧急事件而影响工作。

更糟糕的是，我们正处在升级公司的硬件与软件系统的关键时期，我却在这时不能亲自处理这项工作了。我不知道这么关键的项目如何继续推进；我不在的情况下，我的员工们是否能很好地完成这一项目？但是，无论如何我必须陪伴在我丈夫的身边。

我找了两个人来运作公司。一位是负责升级工作的项目经理（他同时也参与签署项目合同），另一位则是我公司的顾问之一。我在凌晨 3 点给所有雇员发了一封邮件，告知他们我需要暂时离开一段时间，并委派以上两人负责公司的运营。之后的星期一，他们召集所有员工开了个会，强调项目要继续，所有人应一如既往干好自己手头的工作。

之后的几天，一切运转得非常顺利，但是随后问题就出现了。我犯了一个错误，那就是不该委派两个人来负责公司的运转。当某个雇员不喜欢其中一个人的命令时，他就去找另一个人。最严重的是，有一位雇员对我没有让他负责公司的运作不满，开始制造事端。

我意识到了自己的失误，并着手改正——我将之前的那位项目经理提升为公司的运营副总裁。我的那位顾问本来就是兼职工作，不需要监督每天的日常工作，因此他同意降职为一名经理。他们与那位制造事端的雇员开了个会，并且非常清楚地阐明了公司对他的希望。可惜的是，那位员工依然我行我素，我们只好解雇了他。

今天，这位运营副总裁依然负责公司的日常工作。他将我从禁锢中解放出来，使我有时间照顾我的丈夫，有时间做网络构建、研发等对于公司的成长更为重要的事情，而不再关注公司运营的细节问题。

我 的 经 验

我必须储备能够运营公司的人员，这样当我由于种种原因不能继续运营公司时，企业能够正常运转。我庆幸自己与项目经理有着良好的关系，并且有一个很棒的顾问团队。即使在我个人遇到危机的情况下，雇员们也需要看到一个运转

> 我犯了一个错误，那就是不该委派两个人来负责公司的运转。当某个雇员不喜欢其中一个人的命令时，他就去找另一个人。

正常的企业。

两个最高负责人是行不通的。只能有一个决策制定者。

那天清晨突如其来的事件，让我和我的丈夫意识到对于我们来说什么才是最重要的。生意依然是我们生活中重要的组成部分——我们喜欢工作，乐于看到我们的努力能够帮助其他人成功。不同的是，现在有一个人接替我们负责公司大部分的日常工作，这样我就可以抽出时间专注于那些对企业的发展更有意义的事情，并且做些生意之外的事情。

如何在你的公司应用上述经验

发掘手下人的管理潜能。如果你手下的经理人员不具备替代你处理企业日常事务的能力，你就需要指派你的企业或团队之外、对你所做的工作比较熟悉的人作为后备人员。

要清楚对你来说什么是重要的。如果你打算建立一支管理团队或者创办一家企业，就开始做吧。如果你觉得不开心，那去找令你开心的事做。如果私人生活中的某件事令你意识到你并没有专注于生活中最重要的事情，那就想办法从你的生意中抽身吧。

11. 忙于非营利协会使我精疲力竭

德博拉伯·斯托林斯

HR Anew

公司成立 2 年之后，我陆续接到了一些行业协会的邀请。我虚荣心膨胀，对每一个邀请都来者不拒。不知不觉，我已成为 4 个非营利协会的成员。

我实在是太天真了。我并不知道这些协会邀请我加入的真实用意。作为协会成员，我常常被要求提供显性的或隐性的资金赞助，还要做比我预期的多得多的工作。尽管我的企业只是个资金匮乏、缺人手的小企业，但是协会的工作以及资金赞助成了我的义务。

我向全体员工解释参与协会是走向市场的一种途径。由于我们没有资金可用于开拓市场的商战，服务行业协会可以成为我们拓展知名度的方法。我告诉他们由于时不时地要忙于协会的事务，我可能不能全心投入公司的工作。员工们表示理解，他们也会努力投入工作。我不常请他们帮助，因为他们也很忙。正因为我与他们沟通过，他们并不抱怨我把一部分精力用于公司之外。

自从我服务于非营利协会后，公司的利润出现下降。我开始觉得这可能是外部经济环境的变化，或者仅仅是经济周期的原因造成的。我的会计在帮助我认清公司所面临的真实处境时起到了关键作用。我的企业 HR Anew 是一家 8A 政府认证的承包商。因此，我们必须管理好时间，而且要量入为出。会计告诉我花在所谓协会上的时间过多，并提醒我如果公司想生存下去的话，就必须改变时间分配方式。我立即重新安排了工作。我开始有选择地提供赞助，并调整已有赞助的结构。我更多地委派代表并且监管委派者的工作，而不是自己去做协会的工作。以往我们大多做一些特定的项目，而现在则调整为主要选择 4 至 6 个星期的短期项目，极少选择长期的项目。

最重要的事情是，我重新把时间和精力集中在公司上。我也跟员工解释我所作的改变，以及这些改变的理由。他们再一次支持了我的决定（也许他们用这种方式表达对我的信任）。他们已经看到我花了大把时间在协会的工作上，他们很乐于我能再次把主要精力放在公司经营上。我的公司重新步入成长通道。我仍然是几个非营利协会的成员，因为我相信付出总会有回报。然而，我非常注意管理我投入其中的时间和资金，以及这些投入的时间和资金会如何影响企业的运营。我要珍惜时间。

我 的 经 验

参加协会令我的虚荣心和自尊心膨胀，但是我必须学会更好地管理时间，平衡在企业和家庭之间的投入。

我最珍贵的资源是时间和健康。当我意识到由于吃得太多而体重超标，我会雇一位私人健身教练，并更多关注饮食健康。

局外的顾问能够帮助我拨云见日。会计帮助我冷静下来，让我认清我的所作所为对公司造成的损害。

如何在你的公司应用上述经验

沟通至关重要。如果你花时间在公司业务以外的事情上，你需要通知员工你要做什么，以及你为什么要这么做。同时，你必须听取他们的意见。如果他们对你的所作所为有意见，你必须立即进行沟通。

为企业找个好的顾问团队，他们可以从旁观者的角度观察公司，发现你犯的错误，并提出忠告。你将得益于他们的监督和建议。

12. 如何快速发现"A"级员工

乔·休谟布里斯

我一直致力于企业的扭亏为盈。一旦你成功地将一个企业扭亏为盈，那么这一经历将使你终身获益。这些成功经历也将使你更善于与人相处。我曾运营一家位于田纳西州孟菲斯的大型分销中心。我接手运营时，这家企业正经历着不能按时履行合约，不能盈利的状况。我的任务就是要扭转这种糟糕状况。

我知道公司对我们的期望，但是服务客户的雇员们并不清楚这些。我不得不暂停几个小时的业务，召开一个全部门会议。这一决定代价高昂，因为暂停业务期间，我们将蒙受更多利润损失。然而，关键问题是，如果雇员们不能百分百关注我所说的内容，那么他们就不能领会我的意图；如果我不能充分传达意图，也就不能指望员工们理解我们部门必须作出怎样的改变。

会议上，在员工们的共同参与下，我们决定建立安全和客户服务目标、效率目标和盈利目标。我每周都要宣布这些目标，并依据一个标准的评级指标体系对雇员的表现进行排序，这样每个人都可以明白自己所在的位置。起初，据我的估计，大概有 20% 的员工达到 A 级标准，30% 达到 B 级，

> 我知道公司对我们的期望，但是服务客户的雇员们并不清楚这些。

50%达到 C 级。

关键是要将注意力放在 A 级员工身上。他们已经可以承担自己的工作，并对自己的工作负责了。我将更多的注意力放在他们身上。不久那些 B 级和 C 级员工开始抱怨他们没有得到像 A 级同样的重视。我回应他们，如果他们要得到与 A 级员工同样的重视，就必须成为 A 级员工，并指出成为 A 级员工的方法。

在这样一个几百人的组织中，我必须帮助 A 级员工，并且还要帮助 B 级和 C 级员工成为 A 级。我一个人是无法完成所有的转型工作的。我最终找到了解决之道。我开始寻觅一些表现优秀的经理人员。实际上，这些经理人员就在我的面前，他们就是那些 A 级员工，我把他们提升为团队领导者。

我给他们的任务是，将他们的团队成员培养成为公司急需的 A 级员工。在他们的帮助下，很多雇员接受了我们的培训和辅导，按照要求积极工作，成为了 A 级员工。仅仅在 90 天的时间里，我们取得了巨大进步，在一年的时间里，C 级员工的比例已降到 5%。

如何处理这 5% 的 C 级员工？我解雇了他们。因为他们不能融入团队，成为团队的一员，他们只是在浪费公司的钱而已。

我 的 经 验

表现差的人不会主动离任。我要主动解雇他们。如果我对于工作职责没有给出清楚的描述，表现好的人会主动离开我。

人们愿意追随伟大的领导者。他们需要方向和纪律。事实是，如果能够自由处理他们本以为自己无权处理的事情，他们会感到不快。

人们需要归属感。他们希望理解企业将走向何方，以及企业计划怎样达成它的目标，并希望自己参与其中。

如何在你的公司应用上述经验

你必须及时处理有关工作表现的问题。如果你看到表现优秀者，就应奖励他。如果你发现表现欠佳者，就应立即指出来，并提出希望他作出改善。

要就你对员工的期望进行很好的沟通与交流。人们必须知道企业将依据怎样的标准对他们的工作作出评价。

不要试图找几乎与你一模一样的人。而应寻找那些你能够授权给他们，有能力在你设定的指导原则下组建自己的团队的人。

13. 我不知道我的老板要什么

匿名

1989年，我被一家进入财富500强的运输企业聘为程序员。完成历时8个星期的艰苦的培训课程之后，我被分配从事特许软件开发工作。我写的程序供我们的客户和雇员使用。

雇用我的时候，经理就得知我在做多媒体课件方面经验丰富。当时是1989年，DOS操作系统还是流行的操作系统。我所在的公司还没有使用WINDOWS操作系统，做ppt和使用ppt需要花费大量时间。用鼠标拖动这样简便的方法还没有发明出来。这样，由于我拥有做ppt的特殊技能，我的顶头上司琼（化名）要求我为我们的开发团队作ppt，以便向高级管理层展示项目的进展情况。我成为这一机构对外传递信息的制作者。但是，我只是制作ppt，实际向高管层展示ppt的人却是琼和我的经理史蒂夫（化名）。

在我为他们做ppt之前，他们需要用几百万美元的媒体设备去做这些事情，却效果甚微。而琼和史蒂夫用我做的ppt作展示时，只需在换页时按动空格键，不需作任何其他复杂的操作。我在制作ppt时加入一些特殊效果，以使他们更突出重点，增强信息的传递能力。史蒂夫和琼由于他们在

ppt 展示方面的工作而受到很多赞扬。高管层以我们部门为例，要求其他 IT 部门也以与我们相同的方式与他们沟通。我得意洋洋起来。我通过这样的方式帮助顶头上司和经理得到了上层的关注。在史蒂夫和琼的要求下，我继续规律地为他们提供 ppt，这样，我将我的大部分时间花在制作 ppt 上，而不是写程序上。

并没有人对我如何安排自己的工作时间，以及我怎样定期完成我的工作提出抱怨。当我在公司工作满 1 年时，我非常兴奋，因为我预期会得到一个积极正面的评价。因此，当史蒂夫给了我一个差强人意的评价时，我感到震惊。他的理由是：我没有写出足够的程序代码。我被告知我是被雇用来写程序代码的，不是被雇来做 ppt 的。

我认为，这个评价很不公平。不仅仅是因为史蒂夫由于我的工作得到了那么多赞扬，而且正是他委派我去做 ppt 的。此外，他还有意不安排我写程序代码，以使我能腾出时间去做 ppt。他甚至专门给我配置高性能的电脑和专用打印机（当时，拥有这些办公设备并不寻常），以保证我能更好地为他做 ppt。

我提醒他这些事实时，他只是简单地回应说我的工作业绩是以我写了多少程序代码来衡量的，他对此爱莫能助。我又问他是否希望我继续为他提供 ppt。史蒂夫坦率得令人目瞪口呆。我向他提出，既然我的业绩是根据我写的程序代码来衡量，我自然要把注意力集中在写程序上。我表示愿意教

> 不仅仅是因为史蒂夫由于我的工作得到了那么多赞扬，而且正是他委派我去做 ppt 的。

51

会其他人做 ppt，而我不再参与这件事了。

结束这次业绩评议后，我非常愤怒。我决定离开这家公司。然而，由于我在史蒂夫团队的出色表现，当天我就在公司内部得到了一份更好的工作。这份新工作，我做了很久。

我 的 经 验

我应索取有关我的工作职责，以及企业将依据怎样的标准评价我的工作表现的书面文件。如果我一开始就知道我的工作表现是依据我所写的专用软件的多少来评价的话，在公司还未更换我的职位描述之前，我就不会接受作展示文件的任务。

尽管史蒂夫和琼窃取了荣誉，但风声还是走漏了，人们知道了谁才是作了那些展示文件的人，我最终还是没有被埋没。幸运的是，我的工作成果为我赢得了晋升的机会，尽管我所做的这些工作与职位描述并不吻合。

当我离开史蒂夫的办公室时，我感到震惊，我情绪激动。我冲口说出的"我要走人"这句话并不是自己的理性决定，因为我喜欢为这家企业工作。我只是不想再为史蒂夫工作而已。

我曾希望通过帮助我的监督人和经理，促使他们在其职业生涯上取得进步，我就可以得到正面的评价。我错了。

如何在你的公司应用上述经验

一位雇员的工作职责和对其工作的评价标准应以书面形式给出。雇主和雇员双方要对其中内容达成一致，如果要对雇员的岗位职责进行修改，那么就应相应地修改其职位描述，这样在工作评价时，就不会让人感到突然。

如果你被要求从事与已有职位描述有差异的工作，你需要问清楚这样的变化会如何影响对你工作表现的评价。然后，确定这一新的任务要添加到你的职位描述中，弄明白对你的评价标准是否已更新。

14. 我惧怕员工

匿名

雇员是不可以与我平起平坐的，我与他们的关系不应保持以往的同事关系。

在一家矿泉疗养机构干了几年之后，我开设了一家 spa。我认识许多长期客人，他们鼓励我开设一家自己的 spa。在我卖掉它之前，我的 spa 盈利状况良好。尽管从财务角度上讲，经营 spa 是盈利的，但从管理角度讲，却是一种灾难。

我之前从未做过经理。我突然成为一度与我一起工作的雇员们的老板。我习惯于同他们平起平坐，因此希望一如既往与他们保持固有的关系。事后我才意识到，雇员是不可以与我平起平坐的，我与他们的关系不应保持以往的同事关系。正是由于我和雇员间过于平等的关系，我给了雇员轻视我的机会。

事情的经过是这样的：我的 spa 开在一个小城镇，我总是担心不容易找到可以以顾客满意的方式服务于顾客的雇员。本质上来说，我担心我的雇员辞职，而我又找不到人来替代，这样所有的工作都会落在我一个人身上。

每次有人威胁说要辞职时，我就开始恐慌。为了留住他，我会答应他提出的要求。不久，雇员们就都知道，只要威胁说要辞职，他们就能得到想要的任何东西。

另外，我希望雇员感到愉快。我觉得如果他们感到不愉快，他们就会离开。我从未说过，"这些是制度。这是我们企业的运作方式"。我让雇员自己立规矩。这是个灾难。

我从没有惩罚过任何一位迟到的雇员。因此，迟到就成为可以接受的行为。如果哪位雇员迟到了，我就自己为顾客提供服务。如果哪位雇员不想提前来一会儿参加会议，我也不施行惩罚。不久，雇员们想什么时候来就什么时候来，想什么时候走就什么时候走，根本就不考虑他们与客户所约定的时间。情况非常混乱。

我不想与雇员发生冲突。如果他们不能按时完成工作，我就帮他们完成，而不是想办法让他们对自己的工作负起责任来。我只是默默忍受。我感到失望，但从未表现出来。

顾客并未意识到我所处的窘境——他们认为，这里井井有条。从财务角度来说，我的生意是盈利的，但是一年的运营却使我感到痛苦不堪。我的雇员和我的顾客都感到很愉快，可是我却超负荷工作，感到很累，不想再给我的顾客提供服务了。

会计向我提出了一个解决之道：他买下了我的生意。具有讽刺意义的是，他要我留下来做经理。根据这一年的观察，他发现我有能力照顾好顾客，却没有能力管理好雇员。他表示："如果哪个员工反对你，就让我来处理。"他的这番话对我来说简直是天籁之音。我不用再管人了。我仅仅需要照顾好顾客就好了。

> 从财务角度来说，我的生意是盈利的，但是一年的运营却使我感到痛苦不堪。

我 的 经 验

我必须为企业制定规则。没有规则，企业就会处于混乱无序的状态。人们想什么时候来就什么时候来，想什么时候走就什么时候走。

当有人威胁要辞职时，我应该对他说，"这里是门，请自便"。这样，利用辞职威胁的做法就会从此绝迹。我也应认识到我是可以找到合格的替代者的。

即使企业财务上是盈利的，但是我的精神健康对于企业的生存也是至关重要的。

管理员工不同于与他们平起平坐地相处。希望每个人都快乐只是个白日梦；有时，我必须坚持原则。

如何在你的公司应用上述经验

你不能同员工做朋友。你必须认识到你在他们面前要树立权威，他们必须尊重你的权威。如果你是老板，你就应制定规则。

如果员工威胁说要辞职，即使他是你最得力的员工，你也应让他走。如果不这么做，你就树立了一个坏榜样，任何人都可以以辞职威胁来达到其目的。

15. 如何留住员工

匿名

我管理着一家位于堪萨斯城的小型连锁旅馆。我们的主要困难在于找到和留住员工。尽管我们提供给主管和其他旅馆工作人员的工资高于现行市场价，我们还是必须找到激励员工留下来的办法。以下是我们必须做的一些事情。

首先，我们在吸引劳动力方面存在问题。我们发现解决这一问题的绊脚石之一是我们没有为员工提供可支付得起的安全的幼儿托管服务。1988 年，公司曾就此事向位于堪萨斯城奥弗兰（堪萨斯城的市郊）的商业议事厅提出异议。他们对我们的申请进行了研究，他们就此事与密苏里州堪萨斯城的商业议事厅进行协调。

解决方案？议事厅找了一栋能够改造成日间托儿所的闲置建筑，州、市和区政府共同努力提供了一系列设施。这样，我们的员工白天把他们的小孩送到日托中心，然后乘公共汽车来旅馆上班，晚上下班时再到日托中心接孩子。这个问题就迎刃而解了：不久，由于来我们这里上班无须担心孩子无人照看，不会因此给家人增加负担，我们招到了员工。

一旦我们招到了员工，如何留住员工，使员工有效率地

一旦我们招到了员工，如何留住员工，使员工有效率地工作就成为当务之急。

57

工作就成为当务之急。高离职率、低效率对我们来说是致命的。我们一定要解决这两个问题。我们发现钱的问题是一个原因。虽然我们支付的工资高于最低工资水平。但是，我们的员工常常不吃早饭就来上班，甚至整天都不吃饭——因为他们在家不吃东西，或者他们付不起 8 美元一份的午餐。即使他们吃饭，据我观察他们也就是去便利店，吃些"垃圾"食品。我们决定作一个实验。我们为员工提供早餐。我们提供的早餐费用不高，在很短的时间里，员工们的工作效率提高了 10% – 15%。当有些旅馆经理质疑提供早餐的开销时，我们向他们说明工作效率提高所带来的收益高于提供早餐的开销。他们转而同意并支持我们的做法。

我们发现食物竟然能够起到促进作用。我们怎样进一步用食物激励来提升员工的工作表现呢？那就是"比萨聚会"。员工打扫房间之后，我们就去检查房间整洁程度是否达标。我们开展了"检查优秀"比赛，比赛优胜者将得到"比萨聚会"的奖励。这样，房间的达标率上升了。

我们关心自己的员工。一次一位女员工在家划伤了她的腿。我们的大多数员工都支付不起加入健康保险的保费，因此他们大多没有健康保险。她就用针和线给自己缝合了伤口。我恰巧在视察旅馆时，看到她跛脚走路。我询问她怎么回事，她让我看她的伤腿。她的腿已经感染了，可是她没有钱去接受必要的治疗。我们为她支付了治疗费用。她的腿上留下了一块疤，而她则成为了我们最为忠诚的员工，并且将我们为她所做的一切到处传扬。我们总是尝试为员工提供我们所能提供的帮助，而我们则收获了盈利。

我 的 经 验

我们通过提供早餐以及其他时段的餐点的办法来关心我们的员工，这些方法虽然需要付出些成本，但可以提高工作效率，因此不会影响公司的盈利。实践证明，这种办法可以取得良好效果。

有时非货币激励要比货币激励更有效。人们愿意涨工资吗？当然。然而，我们不得不考虑本行业的平均工资水平，以及我们在保持盈利的情况下能付出多少工资。我们采取的提供食物的办法得到了大家的赞赏，并提高了工作效率。

我们总是尝试为员工提供我们所能提供的帮助，而我们则收获了盈利。

如何在你的公司应用上述经验

缺少照看幼儿的日托中心对于中下层员工来说是另一个需要解决的问题。通过多个地方政府部门的共同努力，我们找到了一个有创意的解决之道。这一方案可以在全美任何地方推广，只要能够找到空置的建筑物，以及愿意提供帮助的老爷爷老奶奶们，就能解决类似问题。

如果提高员工工资的办法无法实施，那么就采取非货币激励来留住员工。在本文中提供食物就是一种解决之道。类似的，像提供假期，提供食品或其他商品的礼品券等都是不错的办法。

16. 我的客户遭遇女老板的
性骚扰

匿名

杰克（化名）被他的老板伊丽莎白（化名）解雇后来到我的办公室。他在原公司已经工作了 10 年，已经被提升为管理人员。正如他的工作评价显示的那样，他在工作中一直表现很好。杰克的故事是一个不恰当处理性骚扰的故事——杰克拒绝与女老板发展两性关系。

杰克的辞退信上说，他被辞退的原因是由于他总是迟到，事实似乎并非如此。他确实迟到过几次。然而，他的很多女同事并未因为迟到受到责罚。事实上，她们互相代为签到，充分利用公司的弹性工作时间。据杰克所知，没有任何一位女同事因迟到受罚，她们甚至可以想什么时候来就什么时候来，想什么时候走就什么时候走。他是唯一一个例外，由于迟到了几次被批评，甚至被辞退。这使得杰克认为他实际上是因为草率拒绝了伊丽莎白的性要求而被辞退的。

杰克在这家公司工作时，一直都认识伊丽莎白。她曾利用职务之便嫁给了公司的另一位雇员，在此期间，她与杰克的关系是纯粹的同事关系。然而，离婚之后，她就经常悲叹

据杰克所知，没有任何一位女同事因迟到受罚，她们甚至可以想什么时候来就什么时候来，想什么时候走就什么时候走。

被"洗劫一空"，对男性员工的态度也似乎更加冷酷无情。由于工作需要，她经常出差，因此没有时间在公司以外去寻找爱情；因此，她将目光转向公司内部——尤其是杰克受到了更多关注。

伊丽莎白第一次接近杰克是在一位同事的乔迁聚会上。他上楼去卫生间，她在楼梯口偎向他的怀中。杰克一惊，一躲闪，她跌倒弄伤了膝盖。他帮她站起来，搀扶着她走下楼。然后，他什么话都没说，就立即离开了。

伊丽莎白第二次勾引杰克是在公司年度节日聚会上。杰克带着自己女友参加聚会。这次，他的女友，和其他同事都目睹了伊丽莎白的不当行为：伊丽莎白坐在杰克的大腿上，挑逗性地在他耳边诉说她的愿望。不能忍受的是，这一行为造成了杰克和女友间的争吵，使得杰克陷入困扰。这次，杰克还是认为伊丽莎白的行为是由于不胜酒力所致。

当伊丽莎白邀请杰克工作结束后共进晚餐，杰克才开始意识到情况并非如他想的那样简单。杰克知道，在公共场合见面，他还可以控制局面。他尴尬地承认，作为男人，这种情况再这么拖下去，他可能会失控。自然他想避免情况变得更糟。几杯酒之后，伊丽莎白的话题迅速转向个人问题。杰克向她解释说他已经有了女朋友，不能和伊利莎白发展关系。伊丽莎白却听不进去。

杰克告诉伊丽莎白自己有女朋友后不久，他发现公司实行了新的汇报结构，在他和伊丽莎白之间又安排了一个经理。杰克明白他实际上被降级了。不久，杰克由于迟到接到了书面批评。杰克向伊丽莎白提出抗议；但是伊丽莎白毫不理会他的抗议。几个星期之后，伊丽莎白召杰克去她的办公室，杰克被解雇了。伊丽莎白的说法是，杰克不明白如何与女性同事融洽相处！这就是杰克来见我的原因。

通过调查，我发现这家公司在类似问题上简直一团糟，其情节简直堪比最为有料的浪漫小说。这样的案例之前从未见过。

杰克应该怎么做

在伊丽莎白刚一表现出非职业的或者有性暗示的行为时，杰克就应立即明确表达自己的不满。至少，杰克应将她的放肆行为向人力资源部门汇报，并就这一性骚扰事件形成一个正式的书面文件。企业可以依据正式的书面文件展开调查，进而可以采取行动制止这一非法行为。如果企业对此不作为，那么杰克应求助于律师事务所来介入此事。

在汇报这一系列事件时，杰克应指认所有目击事件的员工们，尤其是在那次假日聚会上目击那次尴尬事件的人们。杰克应保留对于这一系列事件的详细日记，以便将来在内部调查或诉讼程序中可以准确描述会议事件的细节。

如果当地有恰当的投诉机制，那么没有及时报告性骚扰事件可能使当事人受到伤害。特别是，若企业积极抗辩以避免进一步的司法介入，这类性骚扰事件就永远没有机会得到处理或纠正了。

律师的建议

这家企业没有正规的应对性骚扰问题的政策。如果企业没有相关政策，以及正在实施的避免性骚扰事件的相关培训（例如本案例所示），那么企业缺乏对这类事件的防御措施，就等于是对这类事件的默许。

通过调查发现，伊丽莎白已不是第一次对男性同事进行性骚扰了。由于上层管理部门了解伊丽莎白的历史，但并未作出任何反应，他们等于传递一个信息，就是她之前的类似行为都是正常的。这在员工中造成了极坏的影响，他们不得不应付这类侮辱性行为，他们觉得任何反抗都是无济于事的。

多数时候，同事之间是不会相互举报类似不法行为的，他们认为容忍这类事件是一种企业文化。他们的想法是，我汇报这种事有什么好处呢？我会受到惩罚的。雇主实施的惩罚是另一种类型的不法行为，称之为"报复"。

如何在你的公司应用上述经验

你的公司有必要制定一个正式的应对性骚扰事件的政

策，员工可以依据相关条款汇报不当行为（比如，向人力资源部门汇报，向道德委员会汇报，采取司法行动等）。有一个正式的应对性骚扰事件的条例，当这类诉讼事件发生时，公司就可以依据这一条例来积极抗辩。

将应对性骚扰的培训工作日常化，至少每年举办一次，并对新员工展开培训。如果将这类培训日常化，那么人们就能从中领会到来自于公司高层所传递的一个信息：公司是不能容忍这类行为的，某个个人的任何类似行为都是违反公司规定的。

鼓励人们汇报所有性骚扰事件，要保证对他们的报告保密。

依据公司的正式规定，对所有性骚扰事件报告展开调查，即使你认为其中有些是没有根据的。

不要惩罚那些本着诚信的态度提出性骚扰指控备案的员工，即使他们所提出的指控最终得以澄清。

17. 我的雇员找错了工作

史蒂夫·乔丹

我是 IBM 的一位新任经理，在西海岸工作。我的前任被提升了，我接替他的团队，但是，我的前任和我的老板都没有给我关于我将管理的团队成员的任何信息，也没有给出任何建议。他们让我自己作决策。我的前任从其他公司雇来马克（化名）。他是一位电子工程专家，现在为 IBM 工作。

我团队的销售签了一份合同，要求安装计算机和电子设备，马克似乎很擅长这一工作。我见了客户，并且赞扬了马克。然而，从他开始工作后，问题接踵而来。客户开始不断地抱怨。一会儿是因为马克没有做必须做的事，一会儿是文件找不到了，要不就是系统不能正常工作，电子设备未能正确连接，等等。我的一位客户发火了，表示如果我们不找个合适的人来干活，他们就要中止合同。马克失败了，他无法胜任现在的工作。

我送马克参加 IBM 的促进项目。这一项目是一个为期 90 天、按部就班、非常细致的工作培训项目，目的是帮助表现不佳的员工转变为能够胜任工作的员工。尽管马克参加了项目培训，但仍然没有什么进步。

我意识到，马克不适合这份工作。他是位电子工程师，

> 他是位电子工程师，也许更擅长设计电路图，而不是与人打交道。

也许更擅长设计电路图，而不是与人打交道。毕竟，他在他的前任雇主那里干得很出色。他性格内向，不喜欢与人交谈。系统工作却需要有善于与人交往的能力。

我打算帮助他看清自己的优势与劣势。我的策略是要让他确信他应返回电子工程行业，否则他的技能将会丧失。我成功地说服了他。我清楚由于他的工作表现，我不得不解雇马克。通过 90 天的培训，马克的表现还是没有进步，因此他也知道他会被解雇。

马克和我都认为他不适合目前的工作。我们友好地分手了，他找到了一份能够发挥其特长的工作。

我 的 经 验

我应在意我打算解雇的人的自尊。要给他们希望，要让他意识到自己是有能力的，只是不适合这一份工作，只是应作其他的选择而已。

试着为他提出一个新的职业生涯路径，给他指出我认为他可以取得成功的新方向。

如何在你的公司应用上述经验

如果某人表现不佳，你必须与他沟通，告诉他工作表现不佳，要给他制定一个能改进工作的计划，并给他改进的机会。如果这个人之前并没有意识到自己表现不佳的话，那么你与他的交流会给他带来震动，促使他改进工作，进而挽救他的职业生涯。

解雇一个人时，应有同情心。要友好地分开，而不应以交恶结束。

18. 我们需要找到妥协的方法

罗宾·科维

《布莱尔女巫》制片人

自然世界总裁

　　我们团队的 5 个成员是在就读电影学校时成为朋友的。毕业后，我们各自走上了不同的道路，又因为要拍一部电影《布莱尔女巫》走到了一起。电影的创意来源于团队成员之一，格雷格·黑尔，他曾是特种部队的一员。模拟战犯在被剥夺睡眠、缺少食物和水、遭受非人待遇的环境中的生存状态，是格雷格在特种部队所受训练的一部分。这些经历给了他灵感，他觉得让演员来尝试这种训练方式也许是个不错的主意。

　　《布莱尔女巫》最初的脚本分成两个单元：体验和历史文献。体验部分被设计成一种独特的表演，讲述演员在马里兰州的塞尼卡州立公园的经历。这部分的脚本很难写，同时还需要教会演员们如何使用摄像机，并且需要演员们全程即兴创作。我们给了演员们一个全球卫星定位系统，以便他们可以从一个地点出发，到达另一个地点。他们永远都不会知道他们遇到的人是现实中的人，还是由演员扮演的虚构人物。在试验期间，我们帮他们移动帐篷，收集他们遗留下来的电影胶片和电池。我们团队中的一位导演会审核脚本，其他人则负责观察试验的进行。不出所料，演员们迷失了方向，他们挨饿受冻，所有这一切被胶片记录了下来。

当拍摄工作完成后，我们要进行大量的脚本编辑工作。编辑第一个版本竟然长达 4 个小时！真正的挑战才刚刚开始。

我们需要将两种完全不同的影片组合起来。团队的五个成员对于如何进行剪辑出现了分歧，有些人认为应该将历史文献记录部分与试验部分的脚本组合起来，而另一些人则认为应将试验部分的脚本作为影片的基础。作为制片人，我考虑的是影片最终的经济效益。我不希望将一大半的内容扔掉，那是我们花了预算的一大部分做出来的东西。

问题是试验部分对于观众来说太粗糙了。它节奏缓慢，叙事不连贯，受限于脚本的制作方式，根本没有办法解决遗留节奏拖沓的问题，以及补充不连贯的片断。之前，没有人尝试过将这类试验以影片的方式呈现出来。这是一次冒险的举动。

在接下来的 5 天里，我们一直在争执。我们争吵。我们咆哮。我们没办法达成一致。我们止步不前。每个人都坚持认为自己的想法是有效的，是正确的。我们必须达成一致意见才能继续前进，但是我们却做不到。谁都不知道如何打破僵局。

在接下来的 5 天里，我们一直在争执。我们争吵。我们咆哮。我们没办法达成一致。我们止步不前。

一位导演实在是忍无可忍了，一天深夜他来到工作场所，为影片作了自己的版本。第二天，他把这一版本放给我们看。另一位导演不甘示弱，也制作了自己的版本。我们也看了他的版本。我们现在有两个电影版本，而这两个版本刚好代表了两种相反的剪辑电影的意见。另外，对于影片开篇的关键 10 分钟的内容，我们也有两个版本，这开篇的 10 分钟对于故事能否抓住观众至关重要。我们还是不能达成一致，可是影片一定要完成。

回顾这段经历，我觉得导演表达他们的不同见解其实是一件再好不过的事情。我们一致认为历史记录的开头部分更加简明，而试验部分的全篇则更好一些。我们怎样确立试验部分的故事呢？对于如何解决这一问题，我们最终达成了一致意见，为什么我们不把本片的前提设定告诉大家？我们为什么不可以用这样的字幕：1994 年 11 月，三位电影人迷失在丛林中。一年之后，他们摄制的影片脚本被找到了。

问题解决了。我们找到了每一个人都赞同的解决之道。加上字幕解决了电影如何开篇的问题。令人吃惊的是，小小的字幕竟能打破僵局。

回顾这段经历，我觉得导演表达他们的不同见解其实是一件再好不过的事情。

我 的 经 验

你的第一个想法不必是最好的想法。勇于提出来，即使它可能引起争吵。

我们经历了 5 天艰难的、情绪激动的头脑风暴。我们都坚持自己的观点，直到打上字幕的主意使我们达成一致。

历史记录部分的脚本没有被废弃。它登上了我们的著名网站：＜http: //www. blairwitch. com ＞。我们找到了不一样的出路，这样，那些不能应用于影片的精彩的想法就不会被浪费了。

如何在你的企业中应用我的经验

当你首次遇到阻力时，不要放弃。多数时候，遇到阻力会导致团队成员的激烈讨论。只要大家相互信任，即使每一个人都有不同的观点，你们也可以坚持下去，直到找到解决之道。

要确保不要受困于固有的想法，这样你们可能无法找到更好的解决之道。要能够达成共识。

19. 我及时解决了问题

苏珊·威姆斯

风险管理

　　我一直认为应回报社会，因此志愿为一家非营利组织的行政主管提供指导。我将这家非营利组织看作一家企业，并且帮助训练行政主管爱丽丝（化名）。不久，我应征协助非营利组织主管委员会的年度规划会。委员会由 20 位具有奉献精神的、不知疲倦的、有激情的社区领导人组成。

　　委员会主席，简（化名），是一位精力充沛的人。她有 5 个小孩，不知疲倦地为一个宗教组织工作，领导着多个志愿者组织，并且不停地推动一系列项目的实施，不断地激励着他人。

　　爱丽丝和简的能力不相上下，尽管爱丽丝曾经是一位公司的经理，但她从未领导或建立一个组织。在委员会的筹备会上，我第一次看到爱丽丝和简与她们的关键志愿者和支持者的互动。她们明显在操作方式上存在着巨大差异，而且在处理问题的方法上存在冲突。

　　会后，简给我打了个电话。她要求我与她和另一位委员会成员见面。他们都抱怨爱丽丝。她们举了很多爱丽丝发脾气，以及当着志愿者和客户的面与简争吵的例子。简并不是想要我辞掉爱丽丝，她只是想让爱丽丝改变她以往的行为方式。

我与爱丽丝见了面。爱丽丝的立场是，与简共事是不可能的。她认为简像是一位永不停歇的司机。这使得爱丽丝在工作中常常要承担更多的职责，承受更多的责难。我意识到，她对此感到愤怒和挫折。这一争执必须得到解决，以免情况继续发展，造成董事会以及非营利组织的分裂。

幸运的是，这一争执还处于可控范围。我还能帮忙处理。首先，我给爱丽丝设定了以下解决问题的步骤：

第一步，不带感情色彩地陈述事实。仅需要说出目前的情况是怎样的。

第二步，陈述你的感受是怎样的，而不是你认为事情是怎样的。

第三步，重新考虑你在这一问题中负有哪些责任。

第四步，清晰而冷静地陈述你想要什么。

我问爱丽丝对于办公室出现的问题她除了表示愤怒外还可以做些什么。现实情况是，爱丽丝和简不能相互客气地交谈。她们的关系遭到了破坏，以至于她们无法相互沟通（第一步）。双方都感到失落，感觉受到了伤害（第二步）。爱丽丝承认她对于问题的产生负有责任，用她自己的话就是，"她失去了控制"（第三步）。爱丽丝愿意在平等的基础上重新开始与大家一起工作。她准备

我问爱丽丝对于办公室出现的问题她除了表示愤怒外还可以做些什么。

开始与他人协作，而不是争斗。爱丽丝愿意实现组织的目标，帮助他人而工作（第四步）。

爱丽丝安排了一个与简的见面会。她们进行了私下的会面，并就相关问题交换了意见。这次谈话进行得非常顺利。在这两位女士之间建立起了新的更深层的沟通机制。这样，她们就可以将注意力集中于工作中，而且能够比以前更有效率地在一起工作。争执得以解决。组织的运行回到了正常轨道，人们得到了所需要的服务。

我的经验

无论在企业，非营利组织，还是家庭中，当两个人不能沟通时，以上的冲突解决策略都适用。

相互争执的人们最难以做到的事情就是冷静地陈述事实的真相。有时，需要多次提问才能了解到底发生了什么。

如何在你的企业中应用我的经验

当冲突出现时，最好在它发展成全面危机之前解决它。如果问题还在可控范围内，那么就依照以上四个步骤去解决。要确保每个人在回答第一个问题时是冷静和客观的。这是能否解决问题的关键。

通过清晰而真诚的沟通，将问题解决之后，两个曾相互争执的人是可以顺利地在一起工作的。

20. 我如何管理全球运营

乔治·D. 韦尔斯

www.dreaminakilt.com

作为美国飞兆半导体公司的执行副总裁，我负责公司的全球运营。我很快认识到，由于我不可能同时出现在不同的地方，我必须挑选有能力且值得信赖的经理。我至多可以在一年内对每家工厂进行三次视察。

我要求每位经理提高生产率，降低成本，一句话，就是要保证工厂盈利。只要是在政府法律法规和资产负债表允许的范围之内，他们可以按照自己的想法实施管理。每个月我要同经理们开一次例会。检查生产率、盈利、竞争、市场营销、工厂环境等情况。我要保持对世界各地每一个分支机构的基本情况的把握。由于公司有可以从内部雇用人员的政策，我的工作能够稍微轻松一些。这样，许多经理在被提升到管理位置之前，我就已经熟悉他们了。我甚至为欧洲业务雇用过我的前任上司。

我的一位印度尼西亚的工厂经理运用颇具创造性的方法解决了生产率问题。印度尼西亚人不能接受正面冲突。把一个人叫到一边，直接指出他的错误是一件困难的事情——这样做会挫伤他的工作积极性。这样的谈话往往会造成产品产量和质量的下降。这位经理苦苦思索如何采用一种间接方式解决生产率的问题。一天，他决定给产量最高的一组贴上写有 A 字的标签，产量第二的一组贴上 B 字标签，产量第三则贴上 C 字标签。他记下每位员工生产的产量，然后按照产品的产量和质量贴上标签。

第二天换班时，员工会看到标签。他们希望有人能给他们一个解释。没有人给他们作出解释。这位经理从不对此事解释什么，只是坚持每天贴标签。不久，所有员工都希望自己能够被贴上 A 字标签——因为得到 A 字标签的人能得到更多的升职机会。这位经理终于找到了考虑到文化差异的提升生产率的办法。

制定本土化规则，让管理者按照自己的意愿管理。

印度尼西亚的例子正是我的管理风格的一个写照——制定本土化规则，让管理者按照自己的意愿管理。

我 的 经 验

管理全球业务，我必须做以下六件事：

建立良好的沟通。管理者应该说英语，以避免翻译带来的误解。明确了解、持续跟踪每家工厂最新情况是至关重要的。

挑选有工作经验的管理者。

尽早与各个国家的政府部门取得联系。在我进入某个国家之前，应可能多地争取培训补助金和税收优惠。

研究当地人。看看这里有没有能够教育员工的大学。

有信心放手。授权我的管理团队，相信他们能作出正确的选择。

工厂的交通要便利。我必须保证能将原材料运进工厂，并将产品运出来。如果由于天气或者罢工的原因，不能实施空运，那么就应考虑其他的运输方式。

如何在你的公司应用我的经验

内部雇用是一个很好的选择，因为你已与潜在的管理人员一起工作了。你了解他的工作风格和职业道德，以及在没有你监督的情况下，你是否可以信任他。

要确保沟通渠道畅通。每一位管理者都应明白自己的权限：他需要明白企业对其工作的评价方式，以及在怎样的情况下需要征得上级领导的同意，才能采取行动。

21. 我教诲满腹牢骚的年轻人
如何服务于顾客

乔安妮·温贝里

我和我的前夫曾在马萨诸塞州的普利茅斯经营一家名为货真价实硬件的商店。我们需要初级劳动力来从事货物上架，为客户搬运箱子和包裹。谁又比十几岁的男青年更适合做这类工作呢？

我们将需要临时工的消息发布出去。普利茅斯是一个小城镇，消息很快就传播开来，许多青少年前来应聘。我们意识到管理这些青少年将是一个挑战，但是这样做是值得的，因为这样可以给许多孩子提供他们人生的第一份工作，从这里出发，他们可以逐步走向成熟。我们教导他们如何提供服务，怎样礼貌地对待他人，无论他们将来从事什么样的工作，这些都是必要的。

一天，当约翰（化名）正在进新货时，一位客户问他我们是否有某类商品。他漫不经心地对客户嘟囔了一句，客户扭头就走了。我正好在旁边一排货架前听到了他们的对话。我迅速走向那位顾客，询问她需要什么帮助。她找到了她要找的商品，付了账，离开了商店。

我们教导他们如何提供服务，怎样礼貌地对待他人，无论他们将来从事什么样的工作，这些都是必要的。

我回头向约翰指出他刚才错在哪里。我耐心地向他解释我们不能轻易让顾客空手离开我们的商店。即使他不明白怎样回答顾客的问题，也应对顾客说，"我找个人过来帮你"。要勇于提问。

我试着解释我们是如何与顾客打交道的，建议他温和地、主动地与顾客交流。约翰静静地听着，并没有多说什么。

我心里有点疑惑。约翰真的关心我说的内容吗？他是不是懒得理我？他是不是只是不想被打扰？我想如果他的态度不改变，我只能让他离开了。我希望我的话他能听得进去。

通过随后几天对他的观察，我发现我的话约翰听进去了，而且也有了进步。我认为他已上了关于如何服务于客户的重要一课。

目前，我的前夫仍然经营着这家商店，并且仍在雇用青少年临时工。在过去的 25 年里，我们帮助许多年轻人成长为有生产力的成年人。我则在咨询事业中继续使用和发展我曾经教给那些年轻人的技能。这些来源于初级工作的基本的沟通技能同样可以应用在大型企业中。

我 的 经 验

管理青少年是一项困难且需要耐心的工作。如果我想让他们听进去我说的话，我就不能提高音量向他们大喊大叫。如果通过交谈，我无法使他们的行为得到改进，我就必须让他们离开。

我们雇用年轻人的决定是对的。这是我们经营商店过程中，常年坚持做的为数不多的几件事情之一。在我们这里工作过的大多数年轻人获得了他们在学校里不可能学到的技能。

如何在你的企业中应用我的经验

如果你需要雇用年轻人，你应意识到这可能是他们的第一份工作，因此，你对他们要有耐心。他们并不明白你对他们的期望是什么，要对他们提出明确的要求。

如果你发现你的年轻雇员正在犯错，应立刻加以纠正。一星期，甚至两天以后才找他谈，效果就会差得多。

22. 我的下属之间针尖对麦芒

查理·比特茨

罗克河咨询公司总裁

　　在三角洲航空公司并购泛美航空期间，我是该公司的信任监督员。我的任务是对机组的日程安排进行分析。我的团队由一部分原三角洲航空公司的人员和一部分原泛美航空的人员共同构成。

　　团队的大多数成员相互协作良好。我们尽最大努力解决由于并购所带来的问题和挑战。但是，团队中有两个人不能友好地配合协作。其中一位是杰克（化名），他职业生涯的大多数时间都是在三角洲航空度过的。他认为他是团队的资深员工，而且人们应该像对待资深人士那样对待他。另一位就是桑德拉（化名），她在泛美航空已工作超过 25 年，最近由于并购而刚刚加入到团队中。她也同样认为自己是资深人士。而我则是新手，因此，团队成员对我个人以及我的指令都没有足够的尊重。

　　杰克和桑德拉似乎觉得事事都争得面红耳赤是很荣耀的事情，他们二位从不相互妥协。情况变得很糟糕。我没办法让他们在一起好好工作。他们的嫌隙开始在团队其他成员之间造成摩擦。我意识到我不能任由事态发展下去了，我必须立即采取行动了。

我向经理乔安妮（化名）寻求帮助。我向她解释了几个星期来所发生的事情，以及我为了使杰克和桑德拉相互尊重对方的建议所作的努力。我告诉她，他们根本就不在乎我。我要求她帮助我，她同意了。

那天，乔安妮很果断地解决了问题，而我则上了非常有意义的一课，这一课使我至今受益。她把杰克和桑德拉叫到她的办公室，并让我列席旁观。乔安妮让他俩分别陈述自己的理由。即使在这种情况下，他们还是相互责备，争得你死我活。听了五分钟之后，乔安妮告诉他们如果他们愿意争吵，他们可以继续吵下去。乔安妮接着说，他们需要思考他们打算在三角洲航空的工作中扮演成功者还是失败者。

乔安妮强调说，他们只有两个选择：要么双赢，要么两败俱伤。乔安妮明确表示，如果双赢，他们就能在三角洲航空继续他们的职业生涯；如果两败俱伤，那么他们就都得走人。

杰克和桑德拉立刻意识到问题的严重性。他们的行为发生了迅速的、戏剧性的转变。他们开始学着相互协作，并与团队其他成员和我共同协作。他们保住了自己的工作。

乔安妮明确表示，如果双赢，他们就能在三角洲航空继续他们的职业生涯；如果两败俱伤，那么他们就都得走人。

我 的 经 验

当两个（或更多）聪明人不能达成共识时，他们应明白管理者是不会选择站在任何人一边的。这种不当行为不能促使企业达到目标，因此，人们不会容忍这种行为。对立双方将为他们的行为付出代价。在这种情况下，他们要么双赢，要么两败俱伤，不可能一方打败另一方。

我认识到情况不能再继续发展下去，但我却不具备处理这一问题的经验。幸运的是，我与我的上司关系良好，她向我现身说法，帮助我解决了问题。她给我上了一课，以后碰到类似问题，我就不用再求助他人了。

如何在你的公司中应用我的经验

在企业的任何层面，同一团队中的两个成员相互交恶都可能带来灾难性后果。这一结论适用于一个企业内部任何层级结构。

如果你看到一位新任经理在处理争执时遇到问题，你应该主动提供帮助。这位经理和他的团队都将受益，同时这位经理也希望能从中学到东西。

注：最近，我成功地运用了从乔安妮那里学到的东西。我当时正与一个属于退休规划企业的团队工作。在这一团队

中，每个人都是被独立评价的，所以每一个人只关注自己能否成功，并不关心整个公司的利益。他们在工作中只顾自己有好的表现，却不惜损害其他同事的利益。根据我的建议，市场部的头改变了对其雇员的评价方式，不再仅仅依据单个部门的表现给出评价，同时还要结合整个企业的市场表现来评价工作效率。她明确表示，所有人要么多赢，要么大家一起遭殃。这一变化同样立即产生了显著效果，团队的进步令人欢欣鼓舞。

23. 我雇了个酒鬼

匿名

我们公司需要雇一个人在清晨为公司一天工作的开始做一些前期准备工作。这个人需要凌晨5点到公司完成相应的准备工作，以确保人们凌晨6点来公司时，能顺利展开工作。

我雇了一个人，名叫乔治（化名），虽然他年仅20岁，但他有相应的工作经验。他通过了常规的背景调查。在最初的几个星期里，他工作得很出色，他能够把所有准备工作都做得井井有条，保证了人们能够在6点钟开始有效率地工作。起初，我对他的工作很满意。

随后的几个星期，我开始注意到了一些问题。他迟到过几次，他的迟到给我们的生产造成了很大影响，同时也对其他部门员工的工作造成了很大影响。他每次都解释，我的小孩病了，我出城了，以及其他一些类似的事情。

在此期间，公司安装了报警系统，这一系统可以随时对进出办公楼的人员进行记录。我开始发现一些迟到的问题。由于乔治对他的工作很熟练，即使他迟到15分钟至20分钟，他还是可以顺利完成工作，从而不对他人造成影响。但是这件事还是令人感到头疼。

当他第一次迟到了将近 45 分钟之后，我找他谈了话。他再一次给出了似乎合理的解释。我要求他，如果哪天早晨不能按时来上班，就要在前一天晚上打电话通知我，我好找人来替他。随后几个星期，他遵照我的要求做了。但是，报警器显示，他还是经常迟到。问题是，即使有迟到现象，他还是能很好地完成工作。

当 90 天的见习期结束时，我告诉他如果迟到的问题不解决，他就不能被长期雇用（同时，我还将此写入了他的见习报告）。我又给了他 90 天的见习时间，敦促他规范他的行为。

之后的一天，他既没有来上班，也没有提前打电话通知我。问题变得严重起来。根据公司章程，我给他写了一个书面通知。我告诉他这是书面警告。如果他再一次迟到，就会被解雇。随后几天，情况又有了好转。

这次警告之后，我们的一位雇员要去另外一个州。我们在附近的饭店为她举行了告别晚宴。乔治和他的妻子都参加了。乔治喝了很多酒。公司的一位董事立即意识到乔治是个酒鬼。他前一天晚上喝了酒，第二天就会迟到，然后他会找借口请求原谅。不幸的是，那封由他签字的警告信已经生效了。

我约他到办公室，不等他坐下，我就对他说，"乔治，你正在毁掉自己的生活。你还有一个 6 个月大的孩子。你要找人来帮助你。"我不得不解雇他。这是令人伤感的一天。

我 的 经 验

一段时期内，某人总是为所犯的错误找同样的借口是说不过去的。我必须寻找问题的真正根源在哪里。

如果企业政策允许，如果我对某个新招聘的人有怀疑，我可以在与他签署长期雇用协议之前，再安排第 2 个 90 天的试用期。当时，我了解乔治的工作是出色的；他只是在时间把握上不那么可靠。但是，他的工作表现并不足以证明他可以成为一位称职的长期员工。因此，我在作出最终决定之前，又为他安排了一个 90 天的试用期。

尽管我最终了解了事情的真相，我却不能因此而解雇他。他上班迟到才能成为被解雇的理由。迟到背后的原因并不重要。

如何在你的公司中应用我的经验

大的企业都有针对酗酒和吸毒的正式规定和章程。要确认你是依据这些规定和章程行事的。

即使是一位表现很好的员工，如果他违反了公司的规定与章程，你也必须解雇他。

24. 我如何管理雄心勃勃的企业家们并且倾听他们的诉说

里克里特

爱达荷州连接技术有限公司

我和我的合作伙伴，琼·格勒姆，运营一家企业孵化器。在过去的5年中，我们与400多位企业家打过交道，目前有26六家企业在孵化过程中。管理这些初出茅庐的公司，和运营这些公司的雄心勃勃但有时不免又有些天真的企业家们，确实是一个挑战。他们都有很好的想法，能提供很棒的产品或服务，但却不了解如何启动和运营一家企业。他们开始时都充满热情，但遇到经营中的现实问题时，就不免因受到打击而灰心丧气。

我们的工作是帮助他们调整预期，以及在经营中获得成功。我和琼发现最好的做法就是成为优秀的倾听者。这些企业可以依靠我和琼，以及我们八年多运营大大小小企业的智慧与经验。这26家企业的总裁们随时都可以闯进我们的办公室，与我们面对面地商讨如何解决他们的企业所面临的问题。我们发现大多数时候，我们仅仅需要问些简单的问题，并倾听他们的诉说，他们就能自己找到解决问题的办法。我

> 大多数时候，我们仅仅需要问些简单的问题，并倾听他们的诉说，他们就能自己找到解决问题的办法。

们最常问的问题是：这样做的后果是什么？

通过倾听，我们拓宽了他们的思路；通常，他们通过对问题的讨论就能自己找到解决问题之道。经过一两个小时的讨论，他们常常会顿悟。

我们还发现工程师们在将产品推向市场之前，总是陷于"还有一件事没有完善"的纠结之中——他们太过沉迷于细节的倾向，使得他们不能按时推出产品。这就意味着可能六个月到一年的时间里不能取得任何进展。他们总是找出借口说产品还未做好推向市场的准备，因此我们会扮演任务管理者的角色。

我们通常提出的警告之一是，施行 1/3 - 1/3 - 1/3 的合伙制度会带来灾难性后果。我们孵化器中的一个企业就曾遭遇过这样的问题。事实上，那一年年底，我和琼把大部分时间都花在了这家公司上。

曾在世界 500 强企业中的一家科技公司工作的 3 个朋友打算开创他们自己的生意。其中一位接受了提前退休计划，全职为他们开发的产品开拓市场；而另外两位则继续供职于那家科技公司。

他们对他们的企业能融到资金充满信心。所有销售、拓展市场以及运营工作都落在了那位全职经营生意的合伙人身上。不久，他就产生了不满情绪，因为他把全部时间都投入到了生意中，可是却没有得到更多的回报，也没有得到更多的股份。而另外两个人由于具有工程方面的专长，也得到了与那位全职投入的合作者相同的股份。这个僵局一直未得到解决。

每当那位全职合伙人萌生退意时，他都能在琼的办公室里得到鼓励。琼多次听到他的抱怨，决定想办法帮助他。经过一段时间的努力，他做到了。两年半以后，那位合伙人不再全职扑在合伙生意上，他在其他企业找了份工作。他们的合伙公司仍在提供产品，但是三个合伙人都是兼职工作。通过倾听和提问的办法，琼帮助那位灰心丧气的合伙人找到了最适合他的解决之道。

我 的 经 验

管理的关键是倾听。大多数时候，仅仅需要给这些企业家机会，让他们倾诉在工作中遇到的问题，就能帮助他们找到解决问题的办法。

尽管我们可能知道如何解决这些企业家所提出的问题，帮助他们学习的最好途径还是向他们提问，并让他们自己发现解决问题之道。

如何在你的公司中应用我的经验

管理者可以通过提问和倾听来帮助你的团队成员解决问题。如果他们遇到困难，找不出解决问题的办法，你可以给他们一些建议，但是对于他们来说，管理者能给予的最好的学习途径是让他们自己去发现解决问题的办法。

当管理者或者员工向你咨询他们应该怎么办时，应学会提问题，而不是立即给出答案。他们能够学会自己思考，学会如何找到可能的解决之道，而不再只是简单地从别人那里寻求解决问题的答案。

25. 他的销售业绩掩盖了人事问题

匿名

怀俄明州政府有一个投资于本地企业项目的计划。其目的就是增加本州的就业，以及扶持本地产业发展。这个州的人口少于 400 000 人。当时，我被雇来为当地陷入困境的企业提供帮助。

吉姆（化名）由于发现不得不驱车前往丹佛去维修他的苹果电脑而开了他自己的公司。他在自家车库里开了一家外围设备邮购公司，他确信这是一桩好生意。他成功了，不久他就从车库搬到了真正的办公室里。他成为怀俄明西南部小城的最大雇主，他雇用了 280 名员工。问题是，他找不到有能力又有经验的经理人员来为他管理以几何级数增长的企业。这里，没有人具有他需要的技能。结果，他采取了妥协的办法，他只能尽力找最合适的人选：一个前银行出纳成为他的 CFO；一个开自行车商店的人成为他的销售经理。实际上，这些人都是不合适的。

吉姆意识到他没什么办法找到合适的人，他只得找猎头公司来帮他寻找有能力的经理人员。他的公司真的急需帮

他找不到有能力又有经验的经理人员来为他管理以几何级数增长的企业。

助——当时，公司的年增长率是 60%，最终，年利润达到了 45 000 000 美元。公司如同脱缰的野马一般飞速发展。它已经失控了。吉姆意识到他本人不是合适的经理，但是丰厚的利润和各种荣誉影响了他的判断。

猎头公司没能给他找到合适的人员。他也明白他的CFO和其他经理人员没办法应对目前快速增长的现状。他试图找到有创意的解决之道，但他没能跳出来看问题并解决问题；尽管如此，他的公司还是成功地增长着，并获得丰厚盈利。人们认为，既然这样，又何必去改变什么呢？没有人有足够的经验意识到，伴随着快速增长，严重的现金短缺正逐渐凸显出来。

当州政府介入公司的债务问题时，我被找来解决问题，人们希望能找到使企业生存下去的办法。我立刻意识到一个严重问题，就是公司的 CFO 没有足够的经验，致使这家企业从未通过股权得到融资。其实，如果 CFO 能够使公司通过股权融资，而不是靠债务融资，现金短缺问题就能解决。

依我看，问题显而易见，这家公司除了缺乏股权融资外，管理团队的问题是致使公司受损的主要原因。我强烈建议吉姆让公司迁址。我认为只要他把公司迁到拉勒米或者夏延文，甚至是州以外的像盐湖城或者丹佛这些地方，公司就能生存下去。怀俄明州政府也参与其中。我认为我可以使州政府相信即使这家公司前往其他州，也能保护他们在这家公司的投资。

吉姆承认目前的经理们无法胜任工作，而且有能力胜任工作的人不愿意来公司所在的小城镇。我试图向他证明公司应该向有能人聚集的地方迁移。尽管吉姆最终承认公司正在走下坡路，他还是拒绝了我的提议。由于吉姆无法作出虽然大胆却是正确的管理决策，我只能自叹无能为力了。今天，这家公司已经破产，它的破产不仅仅使 280 个人失去了工作，而且也使怀俄明州政府在这家公司的投资血本无归。

我 的 经 验

如果你的企业没有在正确的地方成长，就意味着灭亡。你必须找到有能力的、有经验的管理者来引导员工，推广产品，服务客户。如果有能力的人不愿拜访你的办公室，你的企业就应搬到有能人们聚集的地方。

销售业绩会掩盖存在的问题。长期来看，这一企业的问题是现金短缺。尽管这一企业中的人们不能胜任工作，但是销售业绩的增长掩盖了一系列问题。同时，也使得吉姆不能把注意力集中到真正应该解决的问题上。

如何在你的公司中应用我的经验

让有能力的管理者来管控企业的增长过程对于企业的存

亡至关重要。在你为一个快速增长的企业雇用管理者之前，要确认他曾成功地在类似情境中实施管理。

要寻找的关键人物是 CFO，因为他负责管理公司的日常现金流。当你的企业出现迅速膨胀的现金需求时，他应有足够的能力发现问题，并提出警告。他也必须得到管理团队中其他成员的尊重。如果没有尊重，他所提出的警告就不会起作用。

保证企业在盈利的情况下增长，需要作出强有力的决策。如果在企业所在地找不到能够胜任这一艰巨工作的人，为了企业的生存，企业就应搬迁到能够找到这种人的地方。

26. 问人们正确的问题

凯瑟琳·怀特科特

空气处理公司

在我的行业里招聘人员是一件艰难的事情。所聘人员能够刻苦工作，认真服务于顾客。我们的安装队伍要常年进行手工作业。许多时候，他们要暴露在户外，忍受酷暑或严寒，有时还要钻到建筑物的地下室中。面试过程也相当棘手。我们需要确认招聘的人员能够很好地为客户工作，使我们在社会上能保持良好的声誉。

在雇用方面，我经历过一些失败。其中最糟糕的一次，是我在招聘一位安装助手时，作了错误的判断。当时，他顺利通过了我们的面试程序和是否吸毒的测试。但是，入职5天后，他就由于工作时吸毒而失控。他竟然当众扒掉了自己的衣服！由于他变得越来越暴力，我只得求助于我们的员工事务顾问，他们立即处理了这件事，保护了我们的利益。

我花了几年的时间来学习如何在招聘雇员时作出正确选择。但是，还是偶尔有选错人的时候。上面提到过，我们雇人时，最重要的是要求受雇人员有好的人品。我们可以教会一个人有关供热系统和空调系统的知识，却不能教会一个人

我们可以教会一个人有关供热系统和空调系统的知识，却不能教会一个人忠诚、可信赖，也不能教导一个人像一个有很强道德感的人那样去做事。

忠诚、可信赖，也不能教导一个人像一个有很强道德感的人那样去做事。而忠诚、可信赖和有道德感正是我们需要的品质。有这些品质的人更适合成为团队的一员——他们勤于学习，乐于奉献，愿意帮助他人。

我发现面试时，提出正确的问题，有助于找到合适的雇员：

1. 我总是问关于兴趣爱好方面的问题。我会问及人们工作以外的兴趣爱好，他们会谈起他们喜欢做什么，不喜欢做什么，兴趣爱好能够告诉你许多信息。

2. 我常常问他们是否喜欢野餐。我知道是不便直接问人们家庭情况的。然而，当你问起这类问题时，人们往往会自动透露自己的家庭状况信息。

3. 我最常问的问题之一是，你是否喜欢学校？由于来我们这里应聘的人是从事体力劳动的，所以回答一般是"不喜欢"。然而，我还是想搞清楚他们为什么不喜欢学校，以及他们对学校是否还有一些喜欢的地方（除了午餐）。

4. 另一个最常问的问题是，你为什么选择做这一行？如果有人回答，"为了钱"，我通常就不考虑这个人了。如果有人给出类似于"我喜欢修东西"之类的回答，我会进一步审查这一回答与他的兴趣爱好是否吻合。当然，我也会仔细斟酌他是否撒谎。

5. 另一个不错的问题是，你为什么加入我们的队伍？对于这一问题的回答可以了解应聘者对我们的了解程度。由于我们的企业成立于 1958 年，因此应聘者大多数都对我们的企业略知一二。

最后，如果一个人对于所有问题的回答都没有问题，那么我反而会产生怀疑。我将继续问他们对于工作时间、加班、津贴等方面的想法。

我每次结束面试时，都会强调我们最重视的是公司的声誉。我们不能容忍对客户以及其他雇员的不诚实行为。我们是一个团队，去做有意义的事，为最大化客户的利益而工作。我们不能失掉我们的声誉，否则公司将不会长久存在。

这些面试问题帮助我为我们的企业聘到了合适的人员。当然，我还会偶尔犯错，我会对这类错误逐个进行处理。

我 的 经 验

偶尔，我还会遇到我起初认为某人品行良好，后来却发现这人品行不端的情况。在这类案例中，在整个雇用期内，我都采用我们的企业一贯所使用的方法，来甄别员工是否能胜任工作。对于有问题的员工，我们每周都要审查他们的表现。我会提出在今后的几天里希望看到的变化。如果过了大约两周之后，我感觉他们并没有明白我的意思，我会与他们面谈，告诉他们是我犯了错误，分手对我们双方都是最好的选择。我通常会付给他们应得的报酬，并建议他们应该在其他企业中寻找什么样的职位。我也会把整个过程都书面记录下来。

每个月我会与员工复习企业的战略规划。我发现经常提醒人们这一点，对于坚定每个人坚持到底的决心，以及理解企业的声誉是至高无上的，都是至关重要的。

如果表现一直良好的员工的行为突然改变，或者突然工作不在状态，我就会稍稍放低做"老板"的姿态，尝试与他做朋友，找出问题所在。我会告诉这位员工，我很关心他的表现，我想知道我能帮他什么忙。大多数情况下，他会吐露心声。但若他破罐子破摔，我会立即决定中止与他的关系。我会少说话，多倾听——大多数人只是需要人们听他倾诉。大多数时候，我的做法能够起作用，我们又会回到正常的工作状态。我们正处在经营人际关系期间。我的理念是引导人，管理事。

如何在你的公司中应用我的经验

需要有一个清单，列出向每位应聘者提出的问题。这样，你就能比较所有问题的各种答案。

人们需要被倾听。要体贴照顾他们。倾听他们的诉说。这些可以帮助你更有效地管理他们的行为。

27. 我通过鼓励竞争达成目标

苏珊·哈兰

我总是很喜欢用数据和处理数据的工作。数据就像是一个谜，经过合适的处理，它能告诉你有关生产力、收益和成本的故事。另外，我总是试图找到一种方法，让非会计人员能够读懂财务报表，从而能够明白如何让报表有利于自己，而不是给自己制造麻烦。通过耐心地向经理人员和他们的团队解读这些"神奇的数字"，我常常能够获得他们的信任。

我运作过一个医院的大项目，目的是试图找到降低成本的办法，同时这一办法还需得到那些工作在治疗一线、为医院创造利润的医生们的认可。我审查了每个病人的诊断书。每一份诊断书都显示了收益和成本。这些诊断书有什么区别吗？

计算这些诊断工作的成本是个复杂的过程，因为我不得不处理来自不同电脑系统的数据，以及从不同部门挖掘数据。医院的业务经理理解并赞同我所做的工作。我得到了他的支持，但部门经理们却是在勉强配合我。

我发现，同样的诊断结果，其诊断成本差距竟然可以达到3万美元。我们必须找到一个办法使所有相同的诊断工作的成本降到最低值。这就需要找每一位医生来商量。

我们想到了一个方案。"你省得越多，你就能得到更多的佣金"。当我们把这一方案提交给医生们时，他们对此很反感。无论如何，我们还是要贯彻执行该方案。通过随后几个月的观察，我们发现他们开始通过收取更多的费用，来达到节省更多的目的。很明显，我们的计划并未奏效。

我们打算在医生们中间建立起相互竞争的机制。我给每一个诊断工作建立了报告。将医生们划分为 A、B、C 等等不同的类别，并标注出每位医生的成本。例如，我们会对某位医生说，"你是 A 类，你的每个诊治工作的成本是 2.5 万美元。可是，正如你看到的，其他医生的成本只有 1 万美元。你是不是应该做点什么？"

同事间相互竞争的压力使成本降下来了。

首先，这位成本较高的医生会说，他诊治的病人病得比较重。我们就会证实他说的不是事实。随后，他又会找理由说，其他医生是忘了把应有的成本都计入进来。他们就会去查看结算文件（实际上，他们对此心知肚明），这回再一次证明所言并不属实。

尽管并未列出姓名，成本较高的医生们会知道谁是那些成本较低的医生，他们就会开始找成本较低者讨教如何恰当处理诊治过程。同事间相互竞争的压力使成本降下来了。不久，每一个人的成本都向最低者看齐了。最终，所有医生都真诚地追求更有效的工作，业务经理对此结果非常满意。

我 的 经 验

我需要对业务人员施压，以保证我能够得到核算成本所需要的信息。各个部门如同一个个郡主封地。每个部门都有自己的地盘，不允许任何其他人介入。

把每一件事都拆分成简单的单元，就像把一个个诊断过程视为"工作"，我就可以按照标准的测算方法来估算成本与收益。这样，我就可以公平地比较所有相关事宜，通过信息和数据发掘问题的内在原因。

同事间的竞争可以带给我想要的结果。没有人希望特立独行。当对于每个人都采取相同的评价标准，每个人都理解这一评价标准时，人们都愿意做到最好。

如何在你的公司中应用我的经验

强迫两个部门共享信息后，这两个部门中的每一个人都会对企业的总体状况有更好的了解。如果你是业务经理，你应找到让不同的群体为了公司的利益而共享信息的办法。

将复杂的问题分解成可以测量的单元。这样你就能公平而平衡地比较问题的方方面面。

28. 我解雇了明星雇员

匿名

　　我曾受雇于一家小企业，我的工作是为这家企业构建客户服务部。作为客户服务经理，我的首要任务之一就是评估本部门员工的技术能力。我发现员工的技术能力不足，需要对他们进行培训。另外，我还需要扩张该部门，因此我开始寻找熟练的技术人员。

　　经过几个星期的寻找、面试和测验，我发现了一位技术能力强、善于与客户沟通的技术人员，马克（化名）。我雇了他。在马克入职的前几个星期里，他的工作表现简直是一个经理人的梦想：他能在合适的时间做合适的事情，很好地与客户沟通，并为公司创造相当多的利润。

　　遗憾的是，他遭到了其他技术人员的嫉妒。他们不是向他学习，而是开始对他不满。我并不知道，在公司工作时间最长的一位技术人员，吉姆（化名）感到受到了威胁。他密谋"除掉"我的明星雇员。

　　当时，员工守则里规定了如果员工犯了某些错误就会被开除。员工守则中的相关条列表述如下：非法使用毒品，在公司的车辆里存放罐装和瓶装酒，盗窃和从事第二职业将被开除。与所有员工一样，吉姆对守则是熟悉的——他们都曾签约同意遵守公司的规定。他打算把一个打开的啤酒罐放在马克的车上。

吉姆悄悄将一个啤酒罐放到了马克的车上，他知道在每星期的例行检查中，这只啤酒罐会被发现的。在接下来的星期一，我发现了那个啤酒罐。我感到震惊。我难以想像他为什么在工作中要酒后驾驶；他看上去是多么好的一位员工。

我把马克叫到办公室。我给他看了那只啤酒罐。马克感到很震惊，他否认了。我相信他。可惜，我们的条例规定：这一行为是要被开除的。因此，当时我只能遵守公司条例，只得解雇明星员工。

> 可惜，我们的条例规定：这一行为是要被开除的。

我知道一定是哪里出了错。我明白马克不会在工作时饮酒，我不能想像马克会离开公司。经过深入调查，我发现实际上是吉姆把那只啤酒罐放在马克的车上。我解雇了吉姆。

由于公司条例并没有规定什么时候你可以再雇用曾被解雇的员工，解雇马克两个星期之后，我打电话给马克，再一次雇用了他。感谢上帝，他答应回来。我们修改了公司条例：非法使用毒品，在公司的车辆里存放罐装和瓶装酒，盗窃和从事第二职业可以被开除。

我 的 经 验

你应遵守企业的规章制度，无论你感到这样做有多么痛苦。规章制度必须公平地对待每一个人。

如果实际环境发生变化，公司规章制度可以更新。在本案例中，我只改变了一个词，就增加了公司规章制度的灵活性。

我必须更好地将企业的新员工和老员工整合在一起，尤其是当新员工的技术水平高于老员工时。

如何在你的公司中应用我的经验

要确保你公司的规章制度经过了熟悉劳动法的律师的审核。律师可以避免你订立的规章制度过于刚性，就如本案例这样。在这上面花些钱是值得的。

新雇员的到来可能会造成不满情绪，尤其当这位雇员的使命是为了促使部门进步时。一定要鼓励其他雇员向新雇员学习。不要让不满情绪滋生，这或许会摧毁你的部门。

29. 介入家庭矛盾使我疲惫不堪

诺玛·欧文

在我 20 岁的时候，我是我继父企业中的一位经理，从盈利情况和存货周转情况来看，我干得相当好。在我 21 岁时，作为一名女性，我已超越了那些资深的、在人们的想像中应该更为成功的男人们。尽管我的盈利状况非常好，但除此之外，我却犯了一个管理者可能犯的所有错误。我很快就清楚我想要什么，以及如何确保人们明白我对他们有怎样的期望。我不再想当然地认为人们可以读懂我的思想，我不再那么好说话，不再雇错人，也不再轻信借口。

仅用了一年的时间，我就成长为一位好的管理者，同时还能为企业创造良好的利润。我希望自己能坚持到底。我将自己的愿望清楚地写了下来。我实施了"三项罢工原则"（口头警告、书面警告、解雇）。我当时摸索出来的许多做法，至今仍在我的新企业中得以应用。

大约 4 年之后，我的继父退休了，我的同母异父兄弟接管了公司，但是权力交接并不清晰；实际上，这家企业除了名字之外，没有任何实质的变化。由于我的兄弟并不能实际掌管任何事情，这引起了很多不满，资深经理们还是按我继父的指示行事。人们对于应该听谁的命令这件事感到困惑，他们对于从不同的老板那里得到不同的指令这件事感到愤怒。我的继父没法真正地从公司业务中抽身，他不能忍受为我的兄弟让路。我的兄弟不愿做任何伤害他父亲的事情。他不愿做一个将自己的父亲扔出家族企业的儿子。

结果，我与我的继父关系更近了。我不但听到了我的兄弟对这一事情的看法，也了解了我继父的观点。经理们视我为调解人，他们花大量的时间考虑应该站在哪一边，而不是专注于他们应该做的那些能够为企业盈利的工作。他们不去努力迎战我们的竞争对手，而是忙着争吵应该忠于谁。我继父与兄弟的权力纷争分裂了企业。

> 经理们视我为调解人，他们花大量的时间考虑应该站在哪一边，而不是专注于他们应该做的那些能够为企业盈利的工作。

他们之间的战争也令我心碎。他们相互不说话。他们通过我相互传话。我成了通讯员。我的母亲也卷了进来，三个本应直接面对面交谈的人都通过我来传递信息。在这一政治斗争的激烈程度达到顶峰时，我正任南部的区域经理，运营着三个分支机构，一个月内要出差三次。我不仅要负责正常的管理工作，还要在我的家人之间斡旋。我应该听谁的呢？是一手创办这家企业的人？还是即将接管这家企业的人？抑或是我的母亲？这样的压力最终损害了我的健康。

当我的兄弟接管公司时，他留任了所有忠于我继父的经理们。他没有雇用自己的团队，而是想依靠那些长期在公司效力的经理们的忠诚。现在看来，这也许是个错误的做法。还好，我的兄弟还算聪明，他雇了一位教过他的商学院教授。这位教授帮他赢得了引领公司继续前进所必需的尊重。

他帮助经理们将注意力转向企业，而不是忙着在我继父与兄弟之间的争执中选择忠于谁。

我认识到我没有能力挽救我继父与兄弟间的这种紧张状况，我离开了公司。今天，我的兄弟赢得了对企业的统治权，他管理的企业盈利状况良好。我以我之前所学到的管理技能为基础，在新企业里将其发展为一套管理培训流程。

我 的 经 验

我应从我自己的角度将公司看作一个独立的整体。我的继父不能将自己与公司分开，这给我的兄弟造成了很多问题。

我应促使我继父和我的兄弟对话。他们从未有机会和盘托出自己的想法，把所有问题都摆到桌面上来，然后寻求和解的途径。也许，他们之间面对面的冲突会造成一时的伤害，但却可以妥善地解决遗留的问题，为企业的发展问题找出解决之道。

比起处理家庭问题，管理员工是件容易的事。

我是一个善于应对工作任务的人。我不得不学习管理员工、家人和自己的情绪。我能够成功管理员工。但我从未管好过家人。

我再也不会以我的健康为代价来换取各方的缓和了。

如何在你的公司中应用我的经验

局外人的介入对于家族企业很重要。如果在继承过程中出现问题，又不清楚是谁的责任，非家族雇员就会花心思选择应支持谁，他们的注意力就会从公司的业务转向权力斗争。局外人可以说出家人间难以启齿的话，他能帮助每一个人找出解决家庭问题的方法，从而帮助企业生存下去。

如果年轻一代要接班，他们必须迅速建立起自己的权威。如果经理们还是忠于老一辈的统治，那么就必须进行一次旨在辩明谁应负责掌管企业的谈话。另外，老一代人必须尊重年轻一代：老一代人不能破坏年轻一代的管理决策。

30. 我买了一家公司，并留用了原来的企业主

匿名

当我卖了我的人力资源公司，变得越来越焦虑时，我打算再买一个公司。我的邻居有在评估公司工作的经历。她曾从事财富 500 强企业的并购工作，曾经手价值超过 2 亿美元的公司买卖业务。我和她组成了团队。我依赖她的经验寻找合适的公司，并正确评估它。但我没有想到要过问她的管理风格。

我们找到了一个人力资源公司，提出了申请，并容许两位前企业主保留 45% 的股份。令我感到奇怪的是，我发现我的邻居很勤勉尽责。几个星期之内，我才意识到公司真正遇到了多大的麻烦。现在不是两个人，而是 4 个人试图去管理一个江河日下的企业。我认为只要公司能增长就能解决所有问题，我还是指望我的邻居之前所在的公司能够为我们带来利润。但是这些指望从未实现过。

我还发现我与新任合作伙伴和公司前企业主们的管理风格相当不同。这些问题造成了工作上的混乱。由于缺乏一致的管理，公司的 20 位全职员工陷入了困惑。他们开始分崩

离析，不知道该怎么办。我的任何主张，都会遭到我的合伙人和前任企业主的反对。由于员工得不到一致的管理信息，他们变得没有主动性，而且没有生产力。他们还保有着对前企业主的忠诚，而且士气非常低落。

这并不是我的管理风格。然而，我没有改变这一切的权限。当时我所做的一切就是往一个没有出路的公司里填钱，而公司的前企业主的管理水平很差，但是对公司仍产生着影响。

在购入该公司9个月之后，我撤出了。我不再信任我的合作伙伴们，我无法应用以前在其他企业的管理经验来实施管理。我对这一切厌倦了，我撤出了投资，停止了亏损。

我 的 经 验

在你开始与你的合伙人共同做事之前，要先了解你的合伙人的想法。要确认他们与你有相同的管理理念（并不需要管理风格完全一样）和职业道德。如果我与我的邻居曾在同一环境中工作过很长时间，我可能不会决定与她共同投资了。

员工需要从领导层得到一致的信息。一位经理不能与另一位经理完全唱反调。混乱的信息不仅不能给公司带来生产力，还会造成公司瘫痪。

让前企业主仍留在管理层是个坏主意。员工对前企业主的忠诚还在，他们不会尊重新企业主的意愿。

如何在你的公司中应用我的经验

管理者们可能有不同的管理风格。然而，他们必须观点相同，传递相同的信息。管理者之间的分歧要在员工视线之外处理，员工看到的应该是一个团结一致的管理层。

如果由于你的顶头上司和合伙人不能与你达成一致，致使你无法实施有效的管理，那么就是选择放弃的时候了。生命是短暂的，何必忍受这样的痛苦。

31. 我留用了憎恨我的员工

匿名

我被提升为客户经理，成为已在这一部门工作的"资深"员工们的老板。我是从另一部门调过来的，所以对于这一部门来说，我是个新人——之前，我从未与这一部门中任何一位员工共同工作过。我非常重视工作的顺利进行，也力图保持轻松的工作气氛，并乐于随时为员工提供帮助。

部门的一位女员工，简（化名），不愿意为我工作。她是由我的前任雇来的，尽管我的前任已经离开了，她却对任何替代他的人不满。简反对我尝试作的任何改革，尽管有些改变对于更好地服务顾客是必需的。当简与另一部门的一位员工开始了恋爱关系后，情况变得更糟，那个人经常来看她，使她不能安心做事，甚至造成了部门其他员工之间的分歧。

她的工作失误造成了公司的经济损失。另外，简在公司里利用工作时间用公司的打印机和经费打印私人照片。更有甚者，她对客户来电的不当回应，在我们的一些客户中造成了坏的影响。当我把来自客户的抱怨告知她时，她的回答是："我又不是芭比娃娃，我不想每次都以相同的方式接电话。"

由于她的工作表现达不到最基本的要求，我打算解雇她；她的行为具有破坏性，她好争斗，并拒绝任何改变。然而，我认为没有尝试扭转局面之前就这么做是不公平的。而且，我们公司守则规定，在解雇人员之前，要有一个备案。在准备就简的工作表现找她谈话的同时，我开始寻找能够替代她的人员。

我准备了一个谈话备忘录。其中包括她没有很好完成的书面工作，以及她的工作态度问题。还包括我所看到有关上述问题的一些实例。谈话的困难程度超出我的想像。我不得不开诚布公地告诉她问题的严重性。我告诉她，她的工作能否保住很难说，如果她的表现没有改进，她就得走人。从她的表情可以看出，她受到了震动，但是她似乎领会了我的意思。我还告诉她，她男朋友经常来探望她这件事也是个问题。他们对整个团队的成员产生了负面影响，使得人们不能集中精力在工作上。这种探望必须终止，除非是在休息时间，或者是由于工作需要。

谈话结束后，我递给她一份这次谈话记录的复印件，并让她在上面签了字。我将这份签了字的复印件保存进了她的人事档案。这次谈话对她产生了巨大震动：我将所有事情都记录下来的做法无疑是在告诉她，我是认真的。

我同意之后每天都仔细检查她的工作。不久之后，她的错误就越来越少，她的态度也发生了戏剧性的变换。她

> 我告诉她，她的工作能否保住很难说，如果她的表现没有改进，她就得走人。

男朋友非工作性质的探望也不复存在。虽然在随后几个月的时间里，我们之间还是有些小的摩擦，但是这种冲突不再频繁发生。在谈话之后的 6 个月的时间内，简成为我最好的员工。

在简的年度评价报告中，简的工作表现为她赢得了中肯的表扬。这也给她传递了一个信息，努力工作就会有回报。现在，我不再寻找能替代她的人员了。

我 的 经 验

即使手下的员工不是我雇来的，我必须尝试与团队协同工作。

当困境出现时，立即着手解决，不要任由其向更糟的方向发展。

我不能确认简接到书面警告后是否还能呆下去，所以我需要着手寻找能够代替她的人。

问题员工可能会发生戏剧性的转变，他们的表现会有惊人的进步。

如何在你的公司中应用我的经验

一定要确认你理解公司的政策。你需要建立健全案例，并依照此标准决定对员工的惩罚与解雇。否则，员工守则就会形同虚设。

有时，经过面对面的交谈，并向其指出需要改正的错误，问题员工会彻底转变。

为防备与问题员工的谈话失败，需要先做好后备方案。如果简辞职，替代她的人需要立即到位，以使部门继续平稳运行。

32. 我将家庭放在比工作更重要的位置

拉尔夫·奎因

在我 32 岁那年，我有一份工作，已婚，有 3 个孩子。我志愿为我所在的教会募集数量庞大的基金。这一基金涉及数百万美元。神父对我说，"放低姿态。人们不会给你太多压力的"。我没法相信他的话。作为一个年轻人，我是在与很富有的长者们打交道。他们凭什么会与我打交道？

但是，神父是对的。他们确实会与我打交道，而且他们教给我宝贵的经验，这些经验改变了我对于工作的看法。我一次又一次听到那些 60 多岁、拥有几百万美元的老者们谈论他们回到空空荡荡的家里时的感觉。妻子与他们离婚了。由于他们把所有的时间都投入到了工作中，他们的孩子们恨他们。我得到了一个再明确不过的信息：家庭是最重要的，因为你不可能将你的数百万美元带入坟墓，也不能把资金电汇到天堂去。尽管这些人有很多钱，但是他们却感到痛苦。从那时起，我发誓要将家庭置于工作之上。

我是认真的。我是一家企业负责市场的高级副总裁，这家企业有 5 000 名员工。董事会主席是一位 72 岁的农场主，

家庭是最重要的，因为你不可能将你的数百万美元带入坟墓，

他一辈子都在围着工作转。他让我想起在教堂筹集资金的岁月中，与我打过交道的某个人。

我要在例行的月度董事会会议上，向董事会汇报最新业务进展情况，以及其他董事会所关心的议题。某个月，会议议程中并没有什么新内容，也没有什么亟待解决的问题。由于预料到不会有什么惊天动地的事情发生，我就派我手下的一位经理替我参加会议，我想他也可以通过参加会议获得一些经验。而我则观看了我儿子的足球比赛。

第二天，董事会主席把我叫到了他的办公室。他问我为什么没有参加会议。我告诉他，我提前看了会议议程，了解到没有什么亟待解决的问题需要讨论，所以就派我手下的一位经理参加了会议，这对这位经理而言也是一个好的锻炼。我还解释说，我儿子正好要参加一个足球比赛，这对于我和我儿子而言都很重要。他看上去不怎么高兴，我担心我可能被解雇，如果真是这样，随它去吧。我很擅长我所做的事，我可以再找一份工作。但是，我却没法再找一个家庭。

那一周的晚些时候，我和另一位资深经理共进晚餐，提起了董事会主席找我谈话的事。我对他说我感觉他会因为这件事解雇我。那位经理说："你开什么玩笑？他整个星期都在夸你呢。他希望有更多像你这样的骨干人员与他一起工作。"

我 的 经 验

我应坚持自己的信念。我愿意把我的家庭置于职业生涯之上。实际上，我多次依照这一原则行事，从未因此被解雇。

我多年来一直将这样的处世哲学灌输给雇员们，我将在教会募捐时的经验，以及处世哲学告诉他们。每一季度，我会与经理们会面，讨论季度目标。我们会就需要完成的 4 个或者 5 个目标达成共识。同时，我还会搜集与他们个人有关的重要信息：足球赛、舞蹈表演、假期等等。这些信息也将进入我的日程安排，这样我可以让我的团队成员参加他们的家庭活动。我有很多次在下午 3 点，把某人拖出办公室，督促他去参加自己的家庭活动。如果我发现他们连续加班到很晚，我就会问他们到底有什么事重要到不能等到明天。如果他们非要等到最后一分钟才去作报告，我会问他们为什么不早点开始作。

我发现，当员工们认识到他们可以抽出时间参与孩子们以及其他家庭成员的活动时，他们的工作效率会更高。当他们重返办公室时，会更加努力地工作。

我与孩子和妻子的关系非常融洽。我的职业生涯很顺利，我的家庭成员相互关爱。目前，我教导企业家和高级管理人员，如果他们还没有着手与自己的妻子和孩子建立相互关爱的关系，那么现在就开始做这件事。不要等到 60 岁、70 岁的时候独守空房。

如何在你的公司中应用我的经验

要有明确的规定，提醒员工们去参加自己的家庭活动。规定哪些是允许的行为。然后就应按规定办事。

要树立榜样！明确规定旨在保持工作与家庭相平衡的条文，并以身作则去实践这些条文。

学会享受你的职业生涯，拿出时间与你的配偶和其他家庭成员相处，为你自己的做法和成就感到骄傲吧。是的，你可以享受你所拥有的东西。

33. 总裁企图威吓我

匿名

我时任北部商业厅的行政主任。一位女士，雪伦（化名），时任副总裁，随后成为商业厅的总裁。她对所有事情都管得太细，她成了我的噩梦。我之前从未在非营利组织工作过，我不知道我应该作出怎样的选择，也不明白如何处理以下这种情况。

事情是这样的：雪伦至少一个月来我办公室一趟，关上门，因为诸如在通信邮件中有拼写错误等一点点小事冲我大发雷霆。她告诉我由于我的组织不力，以及对细节的疏忽，整个董事会都很不高兴。雪伦将自己描述成"好人"，而将董事会定位为"坏人"。她说她会试着帮助我。

我认为雪伦的意见就代表了董事会的意见——毕竟，她是董事会主席。我不想让别人感到我有抱怨的情绪，所以什么都没说。我刚刚接手工作，我不知道我的权限是什么。

我给了雪伦办公室的钥匙，以便有研讨会和其他会议时，她可以早点进来。一天，她将一封诋毁我的信放到了我的门口，信中警告我说，我的表现没有达到标准，我恐怕难以保住工作了。我随后发现她的所作所为并没有得到董事会的许可。

雪伦继续对我进行言辞上的威胁。在她狂怒的时候，我只有一言不发才能使她平静下来。一次，她邀请一位董事会成员列席我们的会议。雪伦又一次对我发飙了。那位董事会成员给与他约好共进午餐的人打了个电话，平静地告诉他自己晚一点才能到。等雪伦结束了她那言辞激烈的长篇大论后，他以讽刺的口吻称呼她为"将军"。

从这一刻开始，我可以与另一位董事会成员谈论雪伦的火暴脾气了。我问他董事会是否对我不满。他的回答是否定的。他们根本不知道她的所作所为也不知道她在我办公室门边放警告信这件事。

事情正好发生在圣诞节的前夕，那是我最后一次允许雪伦冲我大吼大叫。我们当时准备与商务厅的大使们共报佳音。雪伦说她要立即见到我，尽管她明知大家都已经准备就绪，仪式就要开始了。大家只能等我。这次，所有办公室人员以及商务厅成员都看到了她的所作所为。这件事让他们看清了她是一个什么样的人。她的行为激起了员工和商务部成员的反对。从这一刻开始，员工们都开始恨她。

不久，整个董事会都听说了这件事。他们都想知道事情的真相是什么，他们最终确信我的工作表现是好的。他们建议我将所有事件都写成书面文件，并递交董事会。另外，董事会成员还建议，雪伦要求我做的每一件事都应当着她的面报呈董事会。最初的几次，雪伦都表示反对，坚持说这不是董事会的议题。我不同意她的说法，因为现在有董事会给我

在她狂怒的时候，我只有一言不发才能使她平静下来。

撑腰了。

一天，我终于忍无可忍了。当时，雪伦走进我的办公室，照例关上门，开始冲我咆哮，我站起身，打开门，请她出去并告诉她，等她冷静下来之后，再回来同我讨论问题。我终于控制了局面。

我 的 经 验

我不必要忍受任何人对我大吼大叫，对我行为不恭。大家可以以理性的成年人的方式来讨论问题。当我发现一个人处于非理性的、激动的状态中时，我会请他离开，等他或她比较冷静时，再来与我理性地讨论问题。

在我接触到董事会其他成员之前，我忍受了太多的痛苦。由于雪伦的所作所为，即使其他人说我的工作是出色的，我还是怀疑自己的能力。我不应该等那么久的。

如何在你的公司中应用我的经验

集中精力做好你的工作，集中精力达到公司要求你达到的目标。如果你已达到应有的目标，但你还是对自己的表现存疑的话，就去询问你的上级对你工作的建议。

一个具有破坏性的雇员或老板会给组织带来混乱。找一个指导者来帮你度过危机，帮你保持正常的工作状态。如果

你想与企业共存，你的指导者起着关键作用。否则，如果情
况变得无法忍受，将出现的问题写成正式文件，上报给你的
老板的老板。如果有人让你不能有效率地工作，你的老板的
老板应该知道真相。你可能不是第一个承受由麻烦制造者带
来的痛苦的人。

34. "我们必须分道扬镳了"简直是天籁之音

匿名

我当时是纽约一家大型服务公司的分包商。从外部看，这家公司在业界有着很好的声誉，而且运转良好。

我需要向一位监督员汇报工作，这位监督员负责告知我应为哪些客户工作，以及工作要求是怎样的。起初，一切都很顺利。我们的工作满足了客户的要求。当其他公司的工作出问题时，我还会帮助解决问题。然而，这位监督员既没有对我的工作表示信任，也没有就我为客户解决问题这件事表示谢意。我对此感到不满，感觉自己被利用了。可是，公司派给我的工作越来越多，我陷进去了。

不久，又一个问题出现了。企业主雇了一位不会出错的员工，尽管很明显这位员工根本就不明白自己在做什么。我最终发现这位员工向企业主兜售毒品。难怪这家伙从来不会做错事。

另外，这家公司的道德准则开始发生变化。我被邀请参与吸毒和色情聚会。我对这两样都不感兴趣。我是在基督教的价值观影响下长大的，还是国民警卫队成员。我绝对不可能接受这样的道德规范和生活方式。

这样，我周围的环境变得越来越糟。由于我不参与那些放荡行为，他们就怀疑我出了什么问题。他们总是批评我的工作。尽管我总是设法挽救监督员所造成的问题，我还是做什么都不对。他们开始在社会上散布有关我的一些谣言。

我还和他们呆在一起干什么？我尽可能多地学习我能学到的东西，我必须不断工作才能获得我餐桌上的食物，才能保住我头顶上的那片瓦。我把所有鸡蛋都放到了一个篮子里。尽管这是一只破篮子，可是遗憾的是我的工作在这里，我被困住了。

在这家公司的道德规范改变的几个月之后，企业主将我叫到他的办公室，对我说："我们必须分道扬镳了"。这简直就是我一生中最快乐的日子。我将这一极端情形的记忆作为例子，来提示自己不要那样对待员工。

> 由于我不参与那些放荡行为，他们就怀疑我出了什么问题。

我 的 经 验

如果我处在一个依赖个人关系，而不是专业水准的极端的不健康的竞争环境中，就应做好出局的打算。

要感谢帮助我的人们。不要窃取别人的成就。这是撒谎行为，这样做会让帮助我的人不再愿意帮助。

如果我目前的收入来源完全依赖我当前的工作，而我又痛恨这份工作，我就必须着手去寻找其他可以为我带来收入的工作。

如果企业的道德规范与我的不匹配，我会觉得压抑和痛苦。

反馈是至关重要的。尽管我的工作经常受到批评，我还是从中学到了很多。起初，有关我工作的负面评价对我来说很重要，因为它教会我如何做正确的事情。

与我的客户交谈，我可以从中了解他们的需求是什么，通过满足他们的需求，我可以建立一个业务关系。如果我之前供职的那家企业对我不是那么差，我可以与企业主分享我的这些信息。然而，我将这些信息留给了自己，这些信息可以帮助我。

如何在你的公司中应用我的经验

团队环境对于能否成功至关重要。当人们处于非赢即输的环境中，他们将展开相互竞争，而不是团结协作以促成企业的成功。最后公司将遭受损失，客户将遭受损失，员工也会遭受损失。

如果你发现一位员工或者一位分包商很不开心，不热衷于自己的工作，你要看看是否能采取补救措施。如果不能，对他最好的做法是让他离开。这一做法也许是严苛的，尤其是这个人的收入完全依赖这份工作。然而，长远来看，他会因为找到一个适合的地方而感到更加幸福，他也会工作得更有效率，获得更多的满足感。

倾听雇员和分包商的声音，你可以从中获得客户需求变化趋势的信息。这些信息可以帮助你提供客户需要的产品和服务，帮助你强化与客户的关系，帮你做强未来的业务关系。

35. 管理启动我们的家庭品牌

布林达克一家

Miss O & Friends 公司的创立，源于我家的两个孩子，朱丽叶和奥利维亚。她们需要表达自我，希望与感受相同的同龄人接触。我建立了一个网站，来服务她们与她们的朋友们，以及她们的朋友们的朋友们进行交流。我希望两个女儿能建立自我意识和自尊心。我们没有料到，我们就此开启了拥有10亿点击率（截至2006年6月）、6部书、许多授权经营商的生意。

我（保罗）以前创办过多家企业，还为很多企业工作过。我和朱丽叶与奥利维亚的朋友们，以及许多其他十几岁的女孩讨论一对一的交流模式，询问她们对 Miss O & Friends 是否感兴趣，以及她们对网站建设和授权经营的建议。我得到的回答百分百是积极正面的；我感到很吃惊。在我曾做过的所有产品推介工作中，从未遇到过如此令人鼓舞的局面。我们打算赌一把。我们动用了女儿的大学基金，我也停止了其他所有的工作。最困难的是，如何安排我的女儿们的时间，她们要平衡好学业、朋友和生意间的关系。

作为企业的代言人，朱丽叶遇到了些问题。由于她喜欢与媒体交流，她有时会缺课，这样这桩生意对她的成绩产生了影响。我不得不去向她的老师和学校的辅导员解释情况。一些老师对她缺课这件事表示理解。

随着生意的发展，我（朱丽叶）的时间越来越不够用。起先，我感到灰心。之后，我逐渐意识到如果我能坐下来，集中注意力去做事，就会干得更好。我想保持好的成绩，但我也想开心地生活——见朋友，看电视，参与社会生活。我必须找到把每件事都处理好的办法。

我必须学会做事不拖拉，之前大部分时候我是做不到的。完成作业，同时还要管理好生意是困难的，因为总是有太多的事情要做。现在，如果我要完成学年论文或者写作文的时候，我就把要做的事情分派给别人。如果要做一件事，在我想好怎样完成它之前，我不会整夜都倍感压力、辗转反侧的。

当我缺课时，我的老师对我感到灰心。他们会询问我许多关于 Miss O & Friends 公司的事情。多年后，他们才理解经营 Miss O & Friends 对我是多么重要。我把这一生意看作是"我的体育运动"。我认为我与那些因热衷于某项体育运动而缺课的人没什么两样。还好，我经营的是一家虚拟公司，我可以在任何地点在电脑上完成工作。我应该集中注意力完成我需要完成的工作，这样，我甚至可以挤出时间参加社会活动。

我 的 经 验

经营这项生意需要极强的平衡能力。这不仅是做生意的问题，同时也是如何做父母的问题。作为一个拥有子女的家庭经营的家庭企业，我们的经营完全依赖于孩子们的眼光，我们不得不学会区分"父母的角色"和"生意角色"，我们必须搞清楚是哪一个。女儿们都尊重我们。

交流很重要。让学校知道真实情况对于让朱丽叶与奥利维亚能够坚持照顾生意很关键。她们还是要完成所有应该完成的工作。这样，老师们了解了实际情况，她们大多数都允许孩子们补上落下的工作和考试。

通过摸索学习集中精力和做事不拖延，朱丽叶掌握了管理技巧，这些管理技巧等她长大成人后还能帮上她的忙。

如何在你的公司中应用我的经验

当你有许多工作时，似乎时间不够用时，就把这些工作细分。即使你只有五分钟的时间，你也可以回个电话或回复一封电子邮件。

集中和专注可以帮助你做好每一件事。每天试着留点时间保证你不被打扰。

在家庭企业中，一定要分清哪些是企业事务，哪些是家庭事务。在企业中，一定要有一个人做老板。必须通过交流明白哪些是家庭事务，哪些是企业事务，不要让家庭事务侵入到企业中，从而造成问题。

36. 一个家庭企业主怎样计划好继承事宜

匿名

我的一位客户，内德（化名），60岁了，早年创立了一家企业。这是一家由一个人的公司发展为价值几百万美元的企业。这里是内德的一些背景资料：内德有6个孩子，其中有4个孩子（两个男孩和两个女孩）是他与第一任妻子生的，还有两个女孩是与第二任妻子生的。在其第一任妻子所生孩子中的两个男孩，和两个女孩的丈夫（两个女婿）管理着公司的分支机构。他不允许女儿们介入生意。但是，他们的丈夫却卷入其中。他与第二任妻子所生的女儿都太小，因此还没有什么发言权。

令人匪夷所思的是，自从企业创业之初，内德的左膀右臂一直是一位名叫南希（化名）的女士。目前看来，南希是接管日常业务的最佳人选。一直以来，内德掌控公司的发展方向，他的大多数时间都花在公司日常业务之外，因此，他把企业经营中的具体事务都交给南希去做。南希雇了一位首席财务官，他看出内德准备退休的意图，开始推动继任计划。内德勉强同意了。

他们找我做内德的继任计划。内德告诉我他不想在这件事情上花太多时间，也不愿意与南希和那位首席财务官协商这件事。我告诉他不能这么做。最后，他作了一个有点不近人情的决定。他决定退休后，他的儿子和女婿们都不能接替他。他们还继续掌管他们各自的分支机构，南希则负责公司的日常业务，实际上，她一直在做这件事。由于南希是看着内德的孩子们长大的，她已经赢得了他们的尊重。

对我来说，很明显，内德想逃避在这件事上作决定，当然，这些决定只有他自己才可以做。他不喜欢做这件事，他不想陷在这件事里。同时，他的第二任妻子也开始向他施加压力。她要保证她和她的两个女儿能被妥善关照。她与她的继子女间关系并不融洽。我告诉内德，我需要见见他的现任妻子。我与她建立了良好的关系。在讨论过程中，我建议内德通过购买一份以他的现任妻子以及她所生女儿们为受益人的人寿保险。我一提出购买人寿保险的计划，他的妻子立即同意了，他面临的一个棘手问题得以解决。他的现任妻子可以在企业之外得到妥善照顾，而他前妻的孩子们则可以照管企业，并得到企业的关照：人寿保险计划一石二鸟，解决了内德面临的问题。

尽管他现任妻子的女儿们并不参与企业的运营与管理，但她们得到了与其前妻的子女相同的股份。最终，这一具有很强的可操作性的协议达成了，而南希仍然管理着公司。

对我来说，很明显，内德想逃避在这件事上作决定，当然，这些决定只有他自己才可以做。

我 的 经 验

有时，能够成功解决问题的办法其实很简单。在这一案例中，购买人寿保险的策略解决了绝大多数的问题；这一策略消除了内德和他现任妻子间的紧张气氛，使内德可以集中精力为公司的未来作打算。

尽管家庭之外的某个人得到了大家的尊重，但是，当一个家庭企业涉及股份分配时，家庭成员大多会团结在一起，他们不会允许将股份分配给外人。

继任计划对于所有企业来讲都是至关重要的。如果没有准备好权力交接方案，雇员们会对应该听命于谁这件事感到困惑。只有把每件事都安排妥当，企业的运营才不会受到影响，企业才不会出现亏损、止步不前的情况。

如何在你的公司中应用我的经验

为企业作继任规划是件困难的事情。尤其当企业主认识到他的所有家庭成员都不具有接管公司的能力时，更是如此。但是，为了公司能够生存下去，不管多么困难，也要作出决定。

计划中的关键决定一经作出，无论这一决定是什么，其余问题就会迎刃而解。

37. 我作出了铁石心肠却合乎常理的决定

匿名

我当时受雇于一家财富500强企业，是其一家价值达到2亿美元的分公司的总裁。在我上任之前，这家分公司每年亏损大约1 000万美元。在我同意就任这一职位之前，我审查了公司的财务状况，我了解到最近几年许多工厂在资本方面已有了不少进步。通常，人们希望每年的投资至少要等于折旧。我很关注这一问题，由于我年过80岁的老父亲曾与机器设备打过交道，所以我将他带到了公司的总厂。他声称："有些机器简直比我都老！"

在我是否接受这一职位与公司进行谈判期间，公司管理层同意投入资金升级设备，降低成本。当时，他们相信拯救这一分公司有助于公司经营的多样化。我与公司签了合同。

我上任的几个月之后，我的老板来找我并告诉我，企业的想法改变了。企业调整了战略规划，不再向我们的工厂追加投资，原因是要利用资本投资购买其他行业的企业。

恰恰当企业的想法发生逆转时，我们的财务总监要退休了。在他的退休宴会上，他约我那个周六去一下他的办公室。我同意了。周六会面时，他带给我一个盒子。盒子里是一些有关"资产负债问题"的文件，这些文件只有高层管理人员知道，文件显示这些问题涉及上千万美元。我感到震惊。我们要努力挽回工人停工所造成的损失，需要做大量的工作来消除损益表中的资产负债差异。如果想使公司账面显示盈利，我们本来只需要 700 万美元，而现在却需要近 2 000万美元！

由于工厂得不到追加投资，我们只有如下一些选择：提高产品的销售水平，寻求将部分生产外包，加强"新"设备的利用，实施一些常规的企业行政管理方面的紧缩政策。增加销售并不难，我成功地促使我的销售团队获得了额外的收益。

而作出关闭工厂的决定是需要勇气的。我决定关闭西北部的一家工厂。这家工厂的特别之处在于它以最低的自动化程度制造产品。这家工厂生产的产品功能很不错，但其外观已经过时。最重要的是，这家工厂每投入 1 美元的人均产出水平很低。而且它的生产可以很容易地并入我们中西部工厂的生产线。关闭这家工厂的结果是，180 名工人将会失业，他们大部分是焊工以及其他技术工人。

我的老板建议我发一份信通知员工们，这家工厂将在某天关闭。我对他如此麻木不仁和缺乏商业道德感到震惊。我认为，作为团队领导，我必须亲自向人们解释这件事。这是我的职责，是一位决策者分内的事。

我与 12 名其他经理人员飞往那家工厂。在飞机上，我很焦虑。我们的母公司充分考虑到员工们可能的反应，他们坚持为我们雇了两名贴身保镖，这两位保镖在我们举行会议的酒店与我们会面。没有人知道会发生什么。然而，我强烈地感觉到我有责任与这些"即将成为前任员工"的人们会面，尽最大可能，诚实地回答他们提出的问题，解释我们为什么作出这样的决定。

在会议中，我解释说，为了挽救整个企业，一些分支机构要被牺牲。我承诺为那些愿意迁移到其他地方的人们提供工作。180 人中只有两个人愿意到其他地方工作。我回答了他们提出的所有问题。有些人要求我作出解释。其他一些人只是想发泄他们的愤怒与恐惧。但事实就是这样，工厂就要关闭，他们只能去寻找新的工作。

会后，我虽然伤感，但我知道我作的决定是正确的，我应该面对员工，并尽我所能向他们解释我们的决定。我是总裁，我需要站出来对管理层的决定作出解释。

我就任总裁 18 个月后，我使这家分公司扭亏为盈。第一年，我们略有盈利，第二年在我离开这家公司时，它已经走在创造显著盈利的轨道上。为拯救这家企业，我们作出了艰难的抉择。

在会议中，我解释说，为了挽救整个企业，一些分支机构要被牺牲。

我 的 经 验

人们也许不欢迎我的决定。然而，如果你能诚恳地向他们解释我这样做的理由，大多数人会接受的。要承认一点，我并不期待他们同意我的做法，只是希望他们至少能够理解我的处境。

将坏消息直接地、面对面地传达给人们，尽管这样做并不容易。不要躲在一纸文件背后。

如何在你的公司中应用我的经验

人的因素往往是拯救一家企业的关键。拥有有效的团队、到位的管理，你就能完成任务。

开诚布公的沟通是必需的，是关键的。

虽然作出决定很困难，但是这类决定要迅速敲定。并立即实施。让180个人在一天之内离开要比拖上6个星期，一次只解雇30个人好得多。

38. 我雇错了人

克莱·纳尔逊

克莱·纳尔逊时间管理

我的企业的性质决定了它不需要很多雇员。但是，我的员工必须是值得信赖的，并能够切实按照我所制定的方向前进的人们。我就是领航员，我也应该能够引领我的员工，能够修正他们的航向，能够帮助他们成功。这种想法对吗？完全错误！

我当时在找一名员工。我的想法是，如果某人愿意为我工作，且各项条件都吻合，我就给他机会去证明自己。玛丽（化名）出现在我面前，表示她愿意为我工作。我看了她的简历。她的简历显示她符合我的要求。我也审查了她的推荐信，她的推荐人都说她能胜任我这里的工作。看起来，她是个不错的人选，正是我所需要的人。

在面试过程中，她说了她擅长做的事，以及她对于工作的想法。我逐渐发现她确实对某些事很擅长，但是有太多的事情她根本就做不好。

经过6个多月的时间，我清楚地认识到，她不具备她所说的能力和干劲。但我又想，"我是领航者。我可以应付这一情况，我可以改变玛丽的行为方式，我可以给她做事的动力。"我不打算解雇她；我决定将她打造成我所需要的员工，给她更多的机会从错误中学习。我要为我的客户树立一个榜样。

经过多次大大小小的错误之后（应该承认，她也做了不少很棒的工作），她犯了一个灾难性的错误。为了修正她的工作表现，我们进行过无数次的谈话。我发现玛丽是一个在多个领域具有天赋的人，但是，她那种相当有害的沟通方式阻止了她的潜能的发挥。

令人痛心的是，她不愿为我的公司作出改变。如果我指导的一位客户有像玛丽这样一位员工，我早就会建议这位客户解雇他的员工了。但不知为什么，轮到我自己时，我却没有这么做。

当我让她离开时，她觉得很震惊。她本以为自己干得很出色。她很难理解自己为什么被解雇。我尽我所能向她作出解释。我没有表现出任何敌意，我只是向她说明她试图引领公司走的方向，与我为公司设计的方向不符，而且我对此已明确表示过。她的做法使我和我的客户都感到混乱，我需要找一个能够沿着我设定的方向前进的人。

玛丽走后，我雇的继任者做得很好。我对她的指导比当初对玛丽的指导要具体得多。我事后才意识到促使一个人改变需要花很长的时间。我无法改变不愿按照我的需要进行改变的人的行为方式。这种错误不应再发生。

我 的 经 验

我处理自己企业的事务比处理客户的事务更有同情心——对我来说作出解雇某人的决定是困难和痛苦的。

无论我多么希望人们改变，但是并不是所有的人都能被改变的。如果什么人释放出不愿改变的信号，我应承认现实，并尽快作出决定。

我不仅浪费了自己的时间，也浪费了她的时间，以及所有其他人的努力。我认为让玛丽走终究还是对她好。在麻烦刚刚出现时；我终究还是做了我所要做的一切：我按照我的希望培训她，但结果却不如人意。

如果一个人的做法、行为方式、观点不能在短时间内改变，那么就应寻找其他人来代替他了。

我必须首先关心生意，关心客户，而不是首先关心玛丽。我企图让不愿意成长的人成长。我不愿面对现实，这使我的生意受损。

如何在你的公司中应用我的经验

我们不能根据简历和推荐信去判断一个人。一位雇员的具体行为可以证明他是否能胜任工作。如果你发现一个人的简历和推荐信与他的现实情况有差异，那就应立即找他谈话。谈话要涉及他在行动和行为方面所必需作出的改变。

"这样做不行"，对任何人说这句话都不是一件容易的事。如果你诚心诚意地作出努力来改变某人的行为和想法，但却没什么进展，你就需要找其他人选来代替他了。

作为领导者，你应听取他人意见，但公司的发展方向终究是由你来决定。如果什么人要将公司引向有损于客户、有害于增长的方向上去，你必须立即阻止他。

39. 我解雇了一位朋友

马里萨·李文

信息专家

当我在 11 年前运营这家信息专家公司时，我不懂得将友谊与生意关系分开。经历我与我的朋友琼（化名）之间的这件事后，我很快改变了做法。我们都知道，琼为不少企业做项目。据我所知，她的工作出色，能按时完成项目。我接了一个项目，我知道琼能做得更好，所以我雇了她。

每一个为我们公司工作的人都要签署竞争禁止条款，这一条款要求他或者她在一年之内不能承接同一客户的其他项目。当我们的项目完成后，因为那位客户并不知道我们有避免竞争条款，因此邀请琼承接另一个项目。琼没有向对方提及任何有关避免竞争条款的事，她就接了这个项目，开始工作了。

琼犯了两个错误：她认为我不会发现她为客户做另一个项目的事，她以为即使我知道了，也会因顾及我们的友谊，不会对此作出什么反应。她完全错了。我发现了她做项目的事，给那位客户发了一封证明信，并附上了我们与

琼犯了两个错误：她认为我不会发现她为客户做另一个项目的事，她以为即使我知道了，也会因顾及我们的友谊，不会对此作出什么反应。

琼签署的避免竞争的协议。那位客户给我打电话表示道歉。他立即终止了她的工作。我还是起诉了琼，对她的行为进行了惩罚。

结果，琼不仅没有从那位客户那里得到收入，还失去了将来为信息专家公司工作的潜在机会。对她来说，这是一个沉痛的教训。可惜的是，我们的友谊也结束了。这也是企业的损失。

我 的 经 验

琼低估了我，她指望我们的友谊能让我纵容她。她没有意识到生意往来是不能谈友谊的。

如果我对琼为那位客户工作的事不闻不问，那么我们与所有其他分包商所签的避免竞争协议就会失效。我不得不坚决执行协议。

友谊与生意不能混为一谈。我们不会依据友谊寻找分包商和客户。

之后的 11 年，我们没有再与任何人产生过摩擦。即使我不是分包商或客户的朋友，我也常常与他们私下里和谐相处。我试着去了解他们的近况如何，以及如何能够鼓舞他们。他们也了解我期望从与他们的生意关系中得到什么，以及作为企业主，我又能为他们提供什么。

如何在你的公司中应用我的经验

你必须把友谊与生意关系分开。在生意上，你要依据你与任何雇员、分包商或者客户同样的交往规则与你的朋友交往。

你必须以书面形式规定好有关各方的角色、责任、参照标准、对各方的期望、正规的建议及其要求，以及违反这些要求的结果。不能有任何疏漏。虽然你们是朋友，但在生意中，你们中的一方要为另一方提供产品和服务。要以专业化的方式做生意。

你的员工们希望你有勇气，能够领导他们，并持之以恒。他们并不指望在你这里寻求友谊。作为企业主，你可能会感到孤独。你应该在其他公司的同仁中去寻求友谊。

如果什么人违反了规定，即使这个人是你的朋友，你也要立即采取行动。你必须让所有雇员都知道，无论什么人犯错误，你都会坚决照章办事。

40. 在我遇到个人危机时，我的老板关心着我

南希·斯莱特

赛维斯特房地产

他们的理解和关心确实帮助了身处危机中的我；他们给了我悲痛的时间，给了我重拾精神健康的时间。

我为一对很棒的夫妇工作，他们是保罗·克鲁格和帕姆·克鲁格。这对夫妻拥有一家不动产管理公司，赛维斯特房地产。大约9年前，我成为赛维斯特房地产的兼职员工。自从我成为营销经理后，我就获得了签支票的权利。

大约6年前，我的大儿子在一起车祸中丧生。我飞到他生前所在的城市处理善后。我打电话给帕姆，告诉她我那天不上班了，并向她解释了所发生的事情。她向我保证给我时间来处理个人的事情。

葬礼后，我就回到了我工作的小城，出现在办公室里。我仅仅在我儿子去世后的几天之后就回来工作了。我觉得回去上班是更好的选择。帕姆问我，"你在这儿干什么？"我回答，"我没有休任何假期或病假，我可承担不了回家呆着的后果。"她说，"回家去。等你回来的时候，这份工作还是你的。你需要照顾好自己。"我意识到保罗和帕姆很体谅我。他们的理解和关心确实帮助了身处危机中的我；他们给

了我悲痛的时间，给了我重拾精神健康的时间。我不用担心
在我不上班期间丢掉饭碗。

能为这样富有同情心、出色的人们工作，我实在是太幸
运了，我从他们身上学到了很多。

我 的 经 验

不怕犯错误。保罗和帕姆从未对我大吼大叫过。他们会
对我说："这是错的，我们希望你不要再犯同样的错误。"
另外，他们讨厌意想不到的事情，他们不能容忍隐藏错误。
帕姆和保罗认为人总是会犯错误的，但他们希望我们诚实地
承认错误，改正它，并从错误中学习。

家庭问题要留在家门内解决。我从未见过他们在办公室
里讨论家庭问题，而他们也从未因个人问题相互大喊大叫
过。在办公室里只讨论工作问题。

如果你不能为公司做有益的事，你就应离开公司。散播
小道消息或者背后中伤他人对任何人都没有好处。

了解你的员工。每一个人都有不同的性格和风格，你必
须因人而异地实施管理。你不能指望那些不喜欢变化的人积
极响应新事物。不要因此而批评他们。要给这类人一些时间
来适应新的变化。

对人进行测试。让人们承担一点责任，然后看看他们的
表现。如果他们表现不错，那么就让他们承担更多的责任。

如何在你的公司中应用我的经验

雇用四种风格的人。这样就能保证在工作中，不同风格的群体从不同角度来看待同一问题。你能从中找出处理问题的最佳方案。

要培养敬业精神。如果你善待雇员，他们就会善待你的顾客。

如果你首次向雇员传达什么事时，他们没能正确理解。你要有耐心去帮助他们。

41. 我从股份制企业转行做时装清洗公司

克米特·恩和

时尚清洗店/奥玛哈莱斯洗衣店

14 年前，我购买了第一家公司，那是一家时装清洗公司。我之前有供职于股份制企业的背景，对时装清洗行业则一无所知。令我感到惊奇的是，这家清洁公司的雇员从来不坐在一起，相互交流。从来没有人向他们征求有关改进公司生意的想法和建议，我花了好几个月的时间试着让他们开口。我不时地问他们我如何可以帮助他们把工作做得更轻松些，更快些。起先，他们只是提些小建议，比如应将黑板换成白板，因为白板更为干净。当他们看到他们的小建议被采纳了之后，他们终于打开了话匣子，我们的会议很快变成了抱怨大会。仅仅抱怨是没有生产力的，此后，我们作出规定：提出一个建议的同时，必须提供相应的解决方案。

我们的企业文化发生了变化，我们用电脑准确计量和计算工作情况，通过这样的方法，我们的工作变得快捷而有效率。我们设了一个记录模板，用它来记录每个星期的生产情况，比如计算工资总额、产出情况、索赔情况，等等。反馈

我们的企业文化发生了变化，我们用电脑准确计量和计算工作情况，通过这样的方法，我们的工作变得快捷而有效率。

是至关重要的。每个人都明了自己所处的位置，每个人都希望进步。我的时装清洗公司扩展为 3 家店面，2 条流水线，拥有 45 位员工。

1999 年底，我购买了奥玛哈莱斯洗衣店，这家店拥有 4 家店面和 30 名员工。2000 年是我最艰难的一年，这一年我努力将我购买的这家新店和我的旧店整合起来。我原有的时装清洗公司拥有多部电脑，机打标签，而且非常有效率，且团队协作良好；而奥玛哈莱斯洗衣店只有一台电脑，在柜台上有一个计算器，和手写标签。他们的工作步调不一致。他们或者整天拖拖拉拉地工作，或者仓促地赶工。我必须将他们带入 21 世纪。

我决定在整合过程中保留所有现有员工，但是所有人还是经历了一个相当困难的时期。许多分属两家公司的员工互换了工作地点。许多原奥玛哈莱斯洗衣店的员工感觉自己是"劣等公民"，尽管人们并没有受到任何不同的对待。当他们向我提出这一问题时，我向他们指出那样对待他们对公司一点好处都没有。显然，他们发现我的言行是一致的。

我们组织了很多野餐，小组联谊，以及部门会议，试图将两个公司整合起来，让大家彼此熟悉，形成一个有凝聚力的集体。我经常提出一个问题："在公司里有哪些事情有碍于你的工作？"我们会就那些不利于工作的事情的成因与影响进行讨论，解决了各个部门间的很多问题。

有两件事是有帮助的。首先，我给所有的管理人员购买了斯宾塞·约翰逊所著的《谁动了我的奶酪》一书。我们阅读并进行讨论。我要求每个人写下哪个章节所描述的情形与自己的情形相似，然后我们坐在一起向大家揭示各自所写的内容。一些人对自己的认知，与他的同事们对他的认知有很大差距。这一活动开拓了大家的思路。

其二，我们成为了迈克尔·格伯的"神秘组织"的客户。我们申请进入"神秘组织"系统，这一组织依据行业标准对服务进行评判。这就使我们可以持续向员工提供反馈意见，让他们知道他们做得怎样。

虽然我购买奥玛哈莱斯洗衣店之后的一年是我管理生涯中最艰难的一年，但是所有的努力最终换来了成功。我们盈利了，每位员工都作出自己的贡献，他们知道对于整个企业而言他们是多么重要。我们在不断创造新的想法，以便更好地服务于我们的顾客。

我 的 经 验

在整合过程中，我施行了"零解雇政策"，我试着拯救那些无法自救的人。实际上，我当时选择解雇他们比选择留下他们来制造麻烦要容易得多。然而，清理门户不是我的目的。

员工们会留意管理者重视的事情。如果你测量并关注他们的工作效率和效果，他们就会重视自己的工作效率和效果。他们想知道在你的公司里如何能够取得成功。

如何应用上述经验

如果有少数雇员不能跟上公司前进的步伐，那么这些人就不必留用了。他们会制造麻烦。

对于大多数人来说，改变是困难的。首先，改变会产生不信任。你必须言行一致。人们会试探你，你若通过了这些试探，他们将以奉献和忠诚来回报你。

雇用时须谨慎，解雇时须果断。

42. 从"我们"的一员到 "他们"的一员

爱伦·罗伯

企业主，准系统商务

在我开始自己的生意之前，我曾做过大约 100 份工作，其中许多工作是在酒店行业。我几乎做过从洗碗到剥牡蛎壳、指导管理等各个岗位的工作。我总是努力工作，而且与我的同事相处融洽。我们总是在一起发牢骚，嘲笑管理人员的无能，以及他们制定的那些所谓的纪律和规则。这是"我们"这些人对付"他们"那些人的办法。

一天，酒店老板找到我，告诉我"爱伦，你一直做得很好。史蒂夫（化名）要去康复治疗了，我们希望你能代替他做经理的位置。你感兴趣吗？"我毫不犹豫地回答，"我愿意做"。我接过酒店各部门的钥匙，在那一刻我从"我们"的一员变成"他们"的一员。

我暗自高兴自己升职了。但是并没有意识到，我的消费会减少，我的工作时间会增加，我的责任会增加，我的工作压力会增加。然而，我最没有预料到的是我与以前的同事从此不再是朋友了。

然而，我最没有预料到的是我与以前的同事从此不再是朋友了。

　　我从经理办公室走出来，正巧酒店招待问我是否看到史蒂夫了，因为现在是酒吧开业的时间了。我回答，"我有钥匙，我帮你开橱柜吧"。

　　酒吧招待惊诧地看着我。接着他所有的行为举止发生了改变。他意识到我不再是"我们"中的一员。从那一刻起，我不再是当他弄到杯子架，我在一旁哈哈大笑的朋友了。在我面前，他需要小心谨慎地说话办事了。我已经变换了角色。我已变成"他们"的一员。

　　从那天起，我就一直是"他们"的一员。我学会了如何穿越横在管理人员与普通雇员间那面无形的墙，如何友善地与雇员相处，但是却不能成为雇员的朋友。曾经是"我们"的一员对我来说是有帮助的，因为以往的经历让我了解到老板应怎样对待那些向他们汇报情况的人。我发誓永远不做那类曾被"我们"嘲笑的无能的管理者。

我 的 经 验

　　管理者是需要与人沟通的。如果我希望什么人听从领导，要让他明白我要往何处去。向雇员说明我的目标，我将如何行动，以及我的期望是至关重要的。否则我和我的员工会南辕北辙的。

　　放手让每个人做自己的事。如果我任何事都亲力亲为，我何必雇用员工？如果我随时都会跳出来，插手员工该做的工作，员工就不可能学到东西。更糟的是，他可能根本就不去做事情，因为他知道我总是会跳出来让他靠边站的。

要对自己和员工一视同仁。我不能要求员工做我都做不到的事情。例如，有一次我曾经把一位未按时到达工位的员工找来批评，而那天我自己也迟到了20分钟。这是何等的双重标准！我从未再犯过同样的错误。

支持员工。员工处在面对顾客的第一线。有时，他们会犯错，但是只要沟通渠道畅通，我就能修正错误。

我很喜欢亚伯拉罕·林肯的一句名言："如果你并不在乎谁将得到赞扬，你会对你竟然能完成如此多的工作感到惊讶。"

如何在你的公司中应用我的经验

作为经理，你要负责制定目标。你应设定测量标准，或者将具体要求列表，以使雇员都能明白如何达到目标。

你有权力规定什么行为是被容许的，什么行为又是不可容忍的。例如，你可以规定如果员工被发现撒谎、欺骗、盗窃，就会被解雇。

在你的客户面前，雇员就代表着你的公司。顾客看不到你，他们看到的是你的管理风格。

43. 在遇到危机之前就应建立
多样化的关系网

乔·施耐德

20 世纪 60 年代末期，我们的船运公司决定将生意扩展到美国的东南部。我们开始在密西西比租办公场所，招聘员工。按公司规定，我们按人口比例招聘雇员——如果这一区域少数民族人口占总人口的 25%，那么我们就应招募 25% 的少数民族雇员。我在密西西比花了一个星期的时间到处游说，试图找一些关系来帮助我们完成平衡招聘计划。当地的商业议事厅不提供帮助——他们要求不同种族的员工在不同的楼里办公。（在 20 世纪 60 年代的南方，种族问题还是相当严重。）而我所在的公司是不能接受不同种族的人分开来办公的，我必须找到解决之道。

最终，我们公司达到了目的，我们按人口比例招聘雇员，不同种族的人们在同一栋楼里办公。这帮助我们取得了社会的理解与信任。在公众的眼中，我们被称为好的企业公民，同时也是一家成功的公司。结果，我们 50 年前开创的良好的社会关系一直持续到今天。

这一经历给我们上了宝贵一课：良好的社会关系至

关重要，一个公司形成成熟地处理不同诉求的程序是建立良好、公平社会关系的最佳途径。我们公司通过当年向东南部的扩张中，建立了这种程序。公司将 20 至 25 位经理送到全美的内陆地区，这些人之前从未去过那些地方。我们的目的是让他们感受当地民众的起居、饮食等生存状态。他们会亲眼目睹那些无家可归的人们是怎样依赖施粥站生活的；那些没有住处、甚至夜里都没有睡觉的地方的人们是如何生存的；那些人的需求又是什么。公司希望这些娇生惯养、富裕的经理们去体验做穷人的滋味。

公司的这一做法奏效了。当这些人返回工作岗位时，他们对于如何与来自不同文化的人们相处有了更好的理解。结果，这些经理们在不同的工作岗位上干得更好了。

与各式各样的人建立密切的关系帮助我解决了很多问题，其中有一件事至今令我记忆犹新。我们的一个分支机构有 25 张来自平等雇用机会委员会（EEOC）的投诉，而这些投诉已被搁置了 3 至 4 年之久。这一分支机构的管理层没有进行任何公关工作，很明显这引来了公众对公司的不满。问题变得很严重。公司承受着负面舆论造成的压力，我们不能再忽视问题的存在了。公司要求我来处理这件事。

我认识 EEOC 的理事，我给他打了电话，他同意和我们一起来解决问题。另外，我们分支机构的律师也为 EEOC 工作，而且与他们建立了良好的关系。这些关系的建立对我们大有裨益。我们并没有花什么时间去建立信任，因为信任已经存在了。

我们公司与 EEOC 通力协作，找到了处理这 25 件投诉的解决办法。我们公司与 EEOC 各自委派一个人协同官方来解决所有投诉。结果，所有投诉在 3 个月之内得到了妥善处理。

公司为此花钱了吗？当然，然而，这一开销远远少于如果继续搁置这些投诉使得投诉继续增加所可能产生的损失。

我 的 经 验

当一位新的区域经理上任时，我一定要让他与当地的均等就业机会委员会、运输部、职业安全与卫生条例管理局以及工会代表会面。区域经理一定要与这些机构的头头们建立关系。

教导人们了解差异化的工作风格。这有助于帮助在公司不同区域的分支机构间建立互信。

人际关系对于一个公司的成功是至关重要的。

如何在你的公司中应用我的经验

培训既要投入时间，也可能需要投入金钱。然而，雇员之间建立良好的关系和相互理解对于生意的成功是至关重要的。

鼓励你的经理与路边小贩、政府部门、各色人等建立关系。如果在你的周围充满了互信的关系，而不是相互猜疑的关系，那么你的公司就有机会以最小的经济损失和最小的名誉损失，迅速化解危机。

44. 指导者帮助我成功

卡尼拉·芮妮·希尔

在 AT&T 参加面试时，我就告诉面试官我不打算在技术岗位呆太久——我的目标是做一个经理，入门之位对我来说只是个开始。我要求给我直派一位指导者引领我，帮助我成长。第一天开始工作时，我向我的老板表达了同样的意思。他告诉我他将尽其所能帮助我达到目标。

我被指派加入一个由 8 个人组成的团队。团队的经理经常出差，不久我就被指认为代经理。如果经理不在的情况下出现什么问题，我就代他来处理问题。由于经理出差的时间远远多于在办公室的时间，因此许多有关客户和人力资源的工作都落在我的身上。我所做的工作使我得到了公司和客户的关注。

我的工作引起公司更高层管理者的注意，不久我就得到了回报。他们为我指派了一位指导者，同时我也为自己找了另一位指导者。我的两位指导者成为我的眼睛和耳朵——当他们认为某项工作我可以胜任时，他们就把这项工作交给我。公司高层管理逐渐发现我可以在预算内将工作做好。

我在公司的不同部门工作以了解公司不同机构的职能，以及不同机构的管理风格。当我在其中一个机构时，该机构的老板嫉妒我的成功。他感觉我沽名钓誉，而且他很反感我与不同机构的经理和执行官们关系良好。这位老板不喜欢更高的管理层给我指派特殊任务。

AT&T 对我很好。当我参加 EMBA 培训时，他们更是容许我每个星期五脱产学习。我的老板无法相信我可以完成由高层委派的附加项目的同时，还能完成学业，并处理好日常的工作。然而，我却可以一次次处理得很好。

我不久就意识到我的老板想拖我的后腿。但是，出于对自己利益的考虑，他还是要用我。但高级执行官对他说，"我们需要你们那位资深员工"，我就是他们说的那个人。我总是做得很好，给足了他面子。

每当我感到痛苦时，我的指导者们就鼓励我继续前进。他们帮助我认识到我目前的老板不会永远是我的老板，并建议我积极应对当前的处境，从中获取有益的经验。不久之后，我就被提升为区域经理。

我 的 经 验

我一直是一个能干而且有进取心的人，能够在无须什么指导的情况下在预算内成功完成任务。这些事迹使我受到了关注，并帮助我达成了我的目标。我今天的成功首先应感谢上帝，其次则要感谢出色的指导者和领路人。

指导者确实影响着我的职业生涯。他们教导我即使在困难的情形中，我也应努力扭转局面，并利用它来为我带来益处。困难总会过去。

由于我曾有很棒的指导者，我现在也成为了他人的指导者。我现在将别人教我的东西又传授给他人。帮助他人成功给我带来了很大乐趣。

我与指导者一直保持联系，即使只是偶尔联系一下。我永远不知道什么时候我们可以相互帮助。

如何在你的公司里应用我的经验

要让有积极态度的人围绕在你周围，这样你就能达成你生活中的一些目标。要观察你周围的人们对你的反应，也要观察其他人对他们的反应。要时刻清楚你的目标是什么，并寻找能够帮你完成目标的人。你不可能独自完成目标。即使起初他们不能为你提供帮助，但你已建立了关系，人们会在某个时候想到你，你总会得到回报。

成功要靠自己。让成功的人围绕在你周围。

作为被指导者，你也可以帮助你的指导者。要懂得询问他人是否需要帮助，并按照指导者的建议去做。不要建立单方向的关系，这样的关系不能持久。

45. 我遭遇堕落的老板

匿名

虽然现在我回首往事忍俊不禁，但是当时的情形却着实让人幽默不起来。那次事件给我上了一课，告诉我作为管理者一定不要那么做。我的老板琼（化名），购买了6家花店，让我去管理其中一家。琼的计划是先打造一个小型的核心店面群，然后再逐步扩张。然而，她对经营花店一无所知。

由于我在这一领域有经验，如果我可以将工资支出限制在一定的比例内，营销费用限制在一定比例内等等，她答应将利润的一定比例作为奖金给我。而我确实做到了将各项支出和费用控制在低于她要求的水平，她却从未给过我奖金；琼的账目管理人篡改账目，使得账面总是显示没有盈利。我很愤怒，最终促使我离开的事情发生在一个情人节。

在花卉行业，情人节是最忙的一天。当时，琼定了个规矩，任何人在下午2点以后订花，就只能安排在第二天送了。我们一直遵守这一规定，所以当琼的一位朋友下午3点打来电话订花，要求送给他妻子时，我就向他解释我们的送货车都出去了，所以不能给他送花。如果他愿意亲自来店里取花，我们可以接受订单。那人取

我确实做到了将各项支出和费用控制在低于她要求的水平，她却从未给过我奖金；琼的账目管理人篡改账目，使得账面总是显示没有盈利。

消了订单，挂了电话。

那天打烊的时候，我为我的员工们感到骄傲，我们创造了1万美元的盈利，所有订单都按时完成。我们疲惫地离开花店，心里却充满成就感。第二天，我们并没有因为前一天对客户尽心的服务和所创造的客观利润而受到祝贺，琼反而当着所有员工的面对我咆哮，原因是我没有答应她朋友的要求。我震惊于她竟然忽视了她自己订下的规矩。很显然，她应该向她的朋友作出解释，而不是责备我们。

我的员工也感到震惊；他们对我付出很多。当她离开后，我向他们道了歉。我向他们解释说责任在我，今天的批评应该冲我一个人来。然而，那次事件使他们看到了她在管理上的无能。这件事发生不久我就离开了，后来琼购买的那6家花店有2家被卖掉，4家关闭，其中包括我曾管理的那家店。

我 的 经 验

当众表扬，私下批评。作为经理人员（应当是起到缓冲作用的人），我应该承受批评，但是琼的激烈言辞不应当着员工说。她破坏了员工对她的忠诚，自从那次事件后，人们不再信任她。

琼不懂得零售业。我管理花店时，我们总是承诺做到85%，而尽力做到100%。

琼必须遵守诺言。我每个月都感到愤怒，因为我从未得到奖金。此后不久，我发觉盈利状况实际上被篡改了，因为我的支出总是低于琼要求的水平（按照她承诺的，我应该得到奖金）。

善于征求意见。在我参加的经理会议上，琼从未向我征求过意见。我们知道哪些方案可行，哪些方案不可行，可是她却从来不向我们提问。如果她能善于征求意见，也许她的花店今天还开着呢。

如何在你的公司里应用我的经验

你的雇员应该知道具体的经营状况。应善于向他们征求意见。他们对于如何能够盈利有很好的直觉，作为经理，你应该充分搜集你能得到的信息，据此作出最终决策，并就你的决定进行充分讨论和沟通。

不要因为一个朋友去破坏规矩。如果你打算破例，你需要向你的雇员解释清楚某一规则是否就此放弃，或者不必再严格遵守。如果你总是因为一些有特殊关系的人改变规则，那么你的雇员就不会尊重你的决定了。

获得信任很难，失去信任却非常容易。如果你让你的经理在员工面前丢掉颜面，那么你将丢掉所有员工对你的信任。没有人愿意当着别人的面被粗暴对待，大吼大叫不能解决任何问题。解决问题需要平静、理性的讨论。

46. 性骚扰是可以接受的

匿名

我曾是一家欧洲公司北美分公司的人力资源总监。这一分公司用高薪聘用能够产生上百万美元利润的精英人才。营销部门的副总裁就是这样一位能够创造上百万美元利润的人才，他是一位美国人。他雇了一位女性员工，教了她很多东西，他们成了朋友。实际上，他对她颇为关注，其中包括性方面的关注，以及很多的性暗示。

她认为他是她所见过的最好的老板。当她把投诉文件交给我时，她说她相信我会尽可能不让消息扩散，她只是希望收敛他的行为，并不希望他被开除。他才华横溢，她不愿意毁掉他的事业和家庭。并且，她还是希望为他工作。可是，她希望他停止对她的性骚扰。

令我吃惊的是，这家欧洲公司的企业文化与美国公司的完全不同。这家欧洲公司在遍布欧洲各国的许多城市拥有众多的经理人员。这类性骚扰事件是司空见惯的，不足为奇。他们认为这是一种"娱乐"，只要是私下秘密进行的，寻求办公室恋情是可以接受的行为。

如果我按照美国的管理处理这件事，欧洲人是不会支持我的。尽管我的欧洲老板是位女性，她对如何处理这件事也

他们认为这是一种"娱乐"，只要是私下秘密进行的，寻求办公室恋情是可以接受的行为。

没什么主意。

我需要谨慎从事，我秘密地把那位副总裁叫到办公室，告诉他我收到针对他的性骚扰投诉。具有讽刺意味的是，他竟然怀疑是另一个人投诉了他！我对于他的怀疑不置可否，我告诉他我不能透露投诉人是谁。幸运的是，他认为我做得对，而这件事也使他猛醒。这成为他的人生转折点。他不再搞什么性骚扰，也不再说黄色笑话。通过对他的言行的观察，我确信他的言行发生了改变。我不希望他毁掉自己和别人的生活。

由于他不再有那些不当的言行，我没有再接到针对他的有关性问题的投诉。那份投诉文件成为他生命的永久印迹，至今仍放在我的办公桌上。最后，这家欧洲公司被卖掉了，我所在的分支机构被并入了其他公司。

我 的 经 验

在其他国家可以接受的行为，在美国是不被容许的，所以也不能为美国的管理人员所效仿。尽管欧洲的老板并没有支持我，但是我必须遵守美国公司的制度。

信任是重要的。由于那位女员工了解我，知道我能秉公处理这件事。她明白我能够保护她，并且恰当地处理问题。

有时，投诉人只是希望问题得到解决，并不想伤害被投诉者。在本文所述的事例中，如果处理不当，就会毁了一个才华横溢的人。我必须私下解决问题，并相互信任。不能向其他人透露消息。在我的职业生涯中，保守秘密使我获益颇多。

如何在你的公司里应用我的经验

当有人提出性骚扰投诉时，应充分了解这一投诉产生的原因，以及投诉人希望达到怎样的目的。如果他出于报复目的，希望被投诉人被解雇，你就要仔细估量投诉的真实性。你必须在对投诉备案的同时，了解投诉背后的动机。

性骚扰投诉是严肃的事情，必须进行调查。处理这类投诉需要一位好律师。你要找到一位熟悉性骚扰诉讼程序的律师。

47. 我不轻易相信

罗德·通纳

立方英尺设备经销公司

作为一名销售经理，我的职责是组织一支被业内称为"区域经理团队"的专业化的外围销售队伍。为"区域经理团队"招募人员需要积极努力，精心策划，且具有创造性。一旦有候选人应聘，公司要求按程序对其进行评估测试。这一测试的目的是看看候选人的性格、能力、诚信度是否与工作岗位相匹配。

最近，有一个位于这一区域中的上流人物所在地的职位空缺急需找人来填补。我们希望聘用的销售人员能在这一地区生活。由于这一区域生活成本高，我们很难找到愿意在这一区域生活的候选人。整整两个月，工作没有任何进展，我不是一个有耐性的人，我开始烦躁起来。我决定跳出框框来思考问题。也许我可以诱导一个起初对这一职位并不感兴趣的人最终接受这份工作。

问题的关键是，这一区域的经理应具备怎样的素质？

其实，这一区域具有尚未开发的巨大潜力。我们需要的人应在业内有很多关系。他还应是一个拥有丰富产品知识的优秀技术人才。同时，候选人的诚信度和职业道德还要有助于提升公司市场声誉。

还好，运气终于来了，我恰巧认识一位同时满足所有要求的人选。这位候选人目前是一家挣扎在生死线上的承包公司的现场督导。他需要改变境遇，我确信他拥有我们需要的所有条件。按照公司规定，他参加了测评。当带有警示信号的测评结果反馈回来时，我并没有全面审查。他通过了测试的主要部分，而在我要求的素质方面表现出色，于是我忽视了报告的其余部分，而这些部分却显示他可能不是这份工作的合适人选。

我对于自己拥有足够的资源和很好的运气能够找到我需要的人而感到兴高采烈，忽视了测评结果中显示的警示信号。

我对于自己拥有足够的资源和很好的运气能够找到我需要的人而感到兴高采烈，忽视了测评结果中显示的警示信号。不幸的是，对于我的候选人是否能胜任工作测评报告知道得比我多。正如测评报告所言，与人沟通时缺乏灵活性和主动性对他的工作构成了威胁。

真正考验他的是客户。由于他不能很好地与人沟通，他的销售工作受到了损害。在他入职的几个月内，我在他身上花费了大量的时间。我每天都要激励他振作精神应对难啃的客户，发掘潜在客户。不到 6 个月，他就因无法承受压力而辞职了。现在，他又成为一名项目经理，而感觉愉快得多。

我 的 经 验

招募新雇员时，应聘者应对所应聘职位有积极性。我不会再诱导一个人去接受他自己没有把握的职位。

虽然测评程序在招聘工作中只占 1/3，但我不再敢对测评结果完全忽视了。

尽管他工作成绩不佳，我也不想解雇他，这是因为我不愿意承认自己的错误。其实，也许，解雇他对他来说是最好的——我让他经受了 6 个月的痛苦和不快。

如何在你的公司中应用我的经验

测评是招聘过程的良好辅助工具。这类测评工具大多并不昂贵，却能帮助你避免在招聘过程中犯错误。但是，最终决定绝不能仅仅依赖测评结果。

如果一个人工作表现不佳，而且明显感到不快，作为经理，你最应做的事情就是让他离开。你可以将事情做得充满仁慈之心，你应真诚地、直截了当地与他交流，并给他寻找新职位的时间，那样他会乐于接受的。

48. 我促使十几岁的青少年发生了转变

爱伦·冯检基, 经理

汉堡王, 美国乔治亚州德卢斯

（注：爱伦要求我用化名代替本故事中所提及青少年的真实姓名。）我已经营饭店40多年了。过去5年，我一直是乔治亚州德卢斯的汉堡王的经理。我们一直在汉堡王全美分店中排在前10%的位置以内。令我们感到骄傲的是汉堡王总是将行政主管派到我们店里来，因为他们认为我们拥有好的工作方法。

总的来说，我们店一直保持较低的人员流动率，尤其是后厨人员中根本就没有人离职。大多数人员流动是源于有人升职了。由于汉堡王系统内部升职的原因，我失去了一些优秀员工。我主要雇用十几岁的青少年，他们中许多人曾经历过艰难困苦。我首先让他们做收银员，随后会给他们提升的机会。

这里是有关我最近聘用的两个年轻人史蒂夫和乔治的故事。史蒂夫来我这里时，年满17岁。他刚刚失去父亲，这一打击使他陷入困境。他高中辍学，生活陷入了混乱。

　　乔治有妻子和一个孩子，染上了酗酒的毛病。当我第一次见到他时，他梳着满头的小辫子。我要求他去把头发剪短，他认真地接受了我的建议。

　　我总是努力去发掘人们好的一面。当然，我也不是一个容易上当受骗的人。店里的每个人都明白我们依据汉堡王制定的规章制度办事。每个人都明白我们需要与客户交流，并努力了解客户的需求。我唯一偏离规章制度的做法是，我要求我的收银员穿衬衫打领结。我认为像史蒂夫和乔治这样的年轻人如果能保持一个好的外在形象，那么他们才会有比较良好的自我感觉。

　　每个人都须接受多个岗位的轮流培训。如果接受预订的工作需要人手，那么后厨的工作人员就能过来帮忙。如果后厨需要人帮忙，做预订工作的人也可以提供帮助。任何人都不能搞特殊，当工作需要时，任何人都不能拒绝为其他人提供帮助。史蒂夫和乔治当然也被灌输了同样的理念。他们很快就明白了我们对员工的要求，我总是向他们解释我们这样做的原因，以及当他们熟练掌握了各种各样的工作技能时，他们如何做才能得到提升。

　　史蒂夫和乔治很快就熟练地掌握了收银工作的技能。我明白这两个聪明人一定不会满足于一辈子当个收银员。于是，我开始训练他们成为倒班监督员。我告诉他们如果他们能成为技能娴熟的倒班监督员，他们就能被提升为助理经理，然后就是经理。史蒂夫同时还参加了普通教育发展的培训。

作为培训的一部分，他们还负责制定轮班时间表。乔治利用电脑制定存储轮班时间表，我不会检查他制定的时间表是否有误。一天，当错误的人员出现在错误的时间时，他意识到犯了错误。他问我为什么不检查他的时间表。我告诉他应为自己的行为负责，然后改正错误。（当然，我已准备好备用方案来应对这类事件。）而这一失误给他上了精彩的一课。

我让他们接受应试训练。我训练他们回答面试问题。我要确保他们能够更充分地理解工作，并能得到充分的实践，已备将来能顺利承担其他的工作。他们已为升职做好了准备。

17岁这一年，史蒂夫就完成了普通教育发展培训，并通过了汉堡王的助理经理职位的所有考试。他踌躇满志。可是，汉堡王说他太年轻了。等到他18岁时，他们还是破格提升他做了助理经理。看样子，他到19岁时就能升任特许经营店的总经理了。令我高兴的是，他已为此做好了充分准备，他接受了良好的训练，拥有很好的沟通能力，以及运营好一家自己的店面的足够知识。

乔治也通过了助理经理的考试，成为我手下的一位助理经理。他也有望被提升为经理，其实，这只是个时间问题。

我 的 经 验

使十几岁的年轻人发生转变，需要花费时间，付出爱心。这些能带给我快乐和满足。如果年轻人知道人们的预期，他犯了错误会有什么结果，以及规则是什么，他们就会发光发热。

除非他们所犯的错误会造成巨大损害，否则不要急着去修正它。让接受培训者自己找出问题，改正错误，并从中汲取教训。应该准备好后备方案，当然这不能让接受培训者提前知道。

要教导年轻人成长为有生产力的成年人。他们要学习与客户沟通的技能，这项技能对于成年人，以及即使今后转入其他行业的人也是关键的。

如何在你的公司中应用我的经验

管理是一门沟通的艺术。要明确提出要求，并建立明确奖惩制度。

要照章办事。如果你不是特许加盟经营商，你就应为公司制定规章制度。章程应清楚描述每一职位的要求。这样做可以保证在你缺席时，公司能照常运行。

49. 特许经营商不相信我能成为一位有效率的 CEO

迪娜

德怀尔集团

我父亲开创了特许经营生意。他正打算培养罗伯特做他的接班人之一，他发现罗伯特的销售能力和建立特许经营机构方面的能力很优秀。我是不动产生意的接班人，而我的妹妹黛比准备掌管公司的运营。

意想不到的是，我父亲在这期间去世了。此时，我们已是一家上市公司，董事会决定让罗伯特继任总裁和 CEO，这是由于他对特许经营事业有丰富的经验。他在处理我父亲的遗产方面遇到了困难，另外，他还不得不忍受两个强势的女人，我和我妹妹。但是，罗伯特面临的挑战还不止这些。在接下来的 5 年中，他经历了更为艰难的时期。他需要将精力投入到把公司的工作重点重新转向以贸易服务为本的特许经营这一核心业务上，逐步调整不符合公司总体发展规划的其他业务。期间，由于罗伯特太繁忙，以至于无法特别关注销售工作，公司的销售情况变差了。到 1998 年，董事会决定让我来接替罗伯特做公司总裁和 CEO。罗伯特成为公司行政副总裁，重新主管销售和建立特许经营机构工作。

尽管我认为他是在回到他最擅长的工作上，但是这件事却令罗伯特难以接受。我希望证明我是这一职位的最佳人选。但是我们的许多特许经营商不认识我，他们质疑我是否合适坐这个位置。在西北部，罗伯特发展了一个非常强的特许经营商群体，其中的一位特许经营商决定就我能否胜任 CEO 一职搞一个民意测验。测验的结果认为我不适合这一职位。人们对我的能力缺乏信任，我必须在问题变得更严重前找出解决之道。

> 人们对我的能力缺乏信任，我必须在问题变得更严重前找出解决之道。

我给动议对我进行民意测验的罗伯特旗下的那位特许经营商打了电话，告诉他我对他的做法感到诧异。我对他说我明白他并不了解我，但无论如何我希望得到他的支持。我承认我不了解各种电子元器件，也不了解有关电器设备的生意。但是，我了解客户，了解客户想要什么。其实，我理解大家的诉求。我要求大家给我 6 个月的时间。我承诺如果 6 个月内我干不好，我会立即认输，并主动靠边站。他同意给我一个机会。

特许经营商们关注着我的一举一动。6 个月之内我证明了我有能力运营怀特尔集团公司，并获得了人们的支持。没有天才的行政团队的帮助，我可能一事无成。

当特许经营商们认识到我有能力做好这份工作，他们的生意不会遇到麻烦后，就再没有发生类似于民意测验的事件。事实上，那位动议民意测验的特许经营商已成为我的强有力支持者之一。

我 的 经 验

相信自己，能够帮助我做正确的事，解决各种各样的问题。

当不利局面出现时，要挖掘产生问题的真正原因。要找出能使人们改变看法的途径。

要勇于进行艰难的对话，在问题转化为真正的危机之前尽一切努力解决问题。

如果我身边有一个强有力的团队，再大的困难，他们也能帮助我克服。

如何在你的公司中应用我的经验

当客户或者团队对你的能力缺乏信任时，不要感情用事，要直面事实。要研究问题的真相，以及问题到底出在哪里？你必须向人们揭示真相。

你必须进行对话，即使对话很艰难，这样做才能找到解决问题的机会。大多数人都会给你合理的时间来解决问题。

50. 员工也有自己的梦想

迈克·尼尔森

奥兰多国民银行

两年前，我接到了将奥兰多国民银行扭亏为盈的任务。当时，这家银行存在很多问题，并且正在亏损。董事会委托我找到一个长期解决问题的办法。我们并不打算仅仅寻求暂时的解决之道，三五年之内就迅速把银行卖掉。每个人都希望这家银行能为大家带来荣耀，并在社会上赢得声誉。

我认为我作为领导和管理者扮演着双重角色：（1）为企业建立一个长期的目标；（2）在企业中创造这样一种环境：每个人能够有机会帮助企业修正目标，为企业添砖加瓦，并能拥有企业的一部分。我意识到提升企业效率的唯一途径是提升员工的素质。我全部的任务就是帮助员工实现他们的愿望。有两个例子值得一提：一位女士已经 50 岁了，当我来到这家银行时，她已做了 18 年的出纳员。当我约见每一个人时，她感到了威胁。很明显，她觉得不舒服。我发现尽管她谨小慎微，沉默寡言，但她的确是一位好出纳。两年半之后，她成为这家银行关于妇女问题的对外发言人。她目前转而从事建立关系网和销售工作。

另一个例子是一位做了多年分部经理的男士。我起初并不知道他在大学主修的是会计专业。每天的工作结束时，他会关注银行的运营和账目情况。尽管他是一位出色的经理，但我还是将他放在了更适合他的位置上。目前，他在银行的运营部门工作，而且工作得更为愉快，更为成功。

尽我所能帮助员工找到他们真正愿意做的事情。我会问我的经理们，"你们真正想要的是什么?"我也要求他们向下属提出同样的问题。大多数人起初并不能回答这一问题。有些可能永远都找不到答案。我们建立了开放的对话机制，力图发掘每一个人愿意做哪些与银行相关的工作。我的一位高级副总裁希望做我正在做的工作。我就为她寻找路径，帮助她为达成这一目标做好准备。

我意识到如果银行仍依靠现有的结构式管理模式，它将依然处于体制状态，问题也得不到根本解决。我必须把重点放在人员管理，而不是结构管理上。我必须去发掘什么样的工作能够与人们的梦想相匹配，并帮助每一个人获得达成梦想的技能和途径。我们知道，我们可以帮助一些人达到目标，另一些人则可能由于感到不满而选择离开。

是不是会有人选择离开银行呢? 这是肯定的。当有人发现在这家银行工作并不是自己的梦想，或者现有的工作不符合他的愿望时，就会选择离开。长远来看，这对于银行和他个人而言都是更好的选择。

通过将人们放在他们真正愿意做的职位上，我们可以为

> 我会问我的经理们，"你们真正想要的是什么?"我也要求他们向下属提出同样的问题。

社会做一些有益的事情。我们设立了多种创业基金，其中包括妇女创业基金，这些都为客户的生活带来显著变化。我们的大多数雇员都没有佣金。我们让每一位雇员明白自己的工作目标，他们工作的目的就是帮助客户达成融资目标。另外，市长还要求我们在社会上发起妇女创业基金。从始至终，我们的员工都捍卫着我们的银行。其他银行的出纳人员并不介入网络经营和推销工作，而我们的出纳却承担了这样的工作。

每个工作日结束时，我们都要看看是否盈利了。在过去的两年半里，我们的盈利能力越来越强。盈利能力的提升来源于员工们都在做着他们热爱的工作，并且能够为客户的利益付出积极的努力。

盈利能力的提升来源于员工们都在做着他们热爱的工作，并且能够为客户的利益付出积极的努力。

我 的 经 验

管理好员工和盈利不是互不相干的。你应将他们放在愿意干的岗位上，并要让他们明白工作就是服务于客户，从而创造利润。

不要害怕员工更换岗位。如果某位员工不愉快，这样对客户以及他本人都没有好处。最终，他会选择离开，而你则不得不找人来代替他；为什么不在他离职之前为他找一个能充分发挥其才能的岗位呢？

如何在你的公司中应用我的经验

经常问一个简单，但有时确实难以回答的问题："什么是你真正愿意做的事情？"然后帮助人们实现梦想，你将拥有更好的员工，也将能为所有人提供更好的工作环境；尽管有些人会发现离开你的公司是他们更好的选择。

要勇于将人们放在他们愿意干的工作岗位上。通常情况下，你会发现他们干得很精彩。

盈利是最基本的要求。不能实现盈利，即使拥有优秀的人才，企业也不能生存。每一位员工都应明白如何为企业盈利作贡献，并将这一目标时刻铭记在心。

第二部分　你能做些什么

第二章　十七条关键的生存策略

以上章节所描述的各种情形，在你的管理生涯中都可能遇到。这里，我们将应对各种管理问题的经验归纳为十七条关键的生存策略。如果你在管理员工过程中遇到问题，这些策略能够帮助你应对危机。

1. 应明确如何解决你与员工之间的冲突才能达到你的目的

什么是最好的解决方案？回答这一问题并不容易，但有一点可以肯定，当你处在愤怒、挫败等不理智的状态下时，是不可能找到好的解决方案的。你必须保持理智的思维。有时，在作出决定之前，你需要听取他人的意见。只有清楚你想达到的最终目的之后，才能找出达到目的的方法。如果你发现一些聪明的雇员总是表现不佳，就应该让他们参加职业生涯调整项目。这种项目能够帮助他们找到与他们的天赋相吻合的工作。大多数情况下，参与了职业生涯调整计划的人们由于找到了更合适的工作，就不再为你工作了。有些时候，聪明伶俐的员工会作出出格的、愚蠢的举动。在这类情况下，你必须立即帮助他们意识到他们所犯的错误，而且要让他们保证类似情况不再发生。

最后，如果公司对一些特殊情形的处理有相应的规章制度，那么你就必须遵守公司章程。尽管遵守章程导致的结果并不是你所希望看到的，你也必须遵守已有的规则。

2. 建立一支指导者团队

寻找有能力并且愿意帮助你成功的人们。由于你与指导团队分享你的目标，他们会尽心关注你的利益。当他们遇到一位适合你的客户或者适合你的项目，他们会给你打电话。如果他们发现你在做愚蠢的事，他们将提醒你。你也许会有不同的指导者，有些关照你私人的事物，有些则关照你的生意。有些就某一项目对你进行指导，有些则对你进行常年指导。他们可以是私人顾问，也可以是生意顾问。

我们可以在各种地方发现指导者。他们可能与你在同一公司，与你所处的职位相当，或者处在比你高的职位。他们也许在其他公司，或者是经验丰富的企业主、其他公司的管理人员。

当你有一些对你的指导者有益的想法，或者面临管理上的危机时，就应该与他们沟通。有了他们的介入，就形成了一支团队，有整个团队的经验和智慧，团队中的每一个人都能从中获益。这样，你既是团队的头，同时也是团队的指导者。

3. 沟　　通

　　每一个来你这里工作的人都应该明白他应扮演的角色，和你对他的期望。原因在于：假如在一个十字路口的 4 个街角各站了 4 个人，路口中间发生了一起车祸，这 4 个人是从不同的角度看到这一事故的，因此对事故的描述就会不同。

　　在管理中也会遇到相同的情形。如果你想达到特定的结果，你必须清晰地与员工进行沟通。你还要从员工那里得到反馈，以确保每个人都明白你对他们的期望。另外，如果不同的团队成员对你所说的话有不同解读，那么这一定不是你想要的结果，因为团队成员不是依据你的想法，而是依据他们自己的理解去行动。

　　不要指望雇员能读懂你的思想。他们需要从你这里得到明确的指示，确知自己应该做什么，直到具体的项目和任务进度的指示。如果没有必要的沟通，你的团队成员不能向同一个方向努力，势必无法达成你想要的结果。

4. 立即直面恶劣的问题

　　恶劣的情况不会自动消失。它们只会变得更糟。尽早找冒犯他人或做错事的人谈话是绝对必要的。再没有比对恶劣情况听之任之更糟糕的事了。员工们或者根本没有意识到他们犯了错误，或者他们是想测试你的忍耐力，如果你对他们的不当行为一言不发，他们就会心存侥幸，他们的不当行为会变本加厉。

当然，负面讨论比正面讨论要困难得多，但是你必须像处理正面的事情一样尽快处理负面的事情。要让雇员了解，如果做错了什么事，就必须去改正，而且同样的错误不能再犯第二次。一位管理者是得到尊重，还是失去尊重，依赖于雇员们怎样理解管理者的行为。如果你不立即指出人们所犯的错误，只是静等犯错者自己醒悟，当发现自己所犯的错误时，他或她可能会感到震惊。他们会想，"为什么你不早点告诉我？我本可能改正的"。

当恶劣情况发生时，要依据员工守则来处理。如果有人对自己的工作不认真，做了足以被开除的事，或者做了什么错事，就要依据员工守则的相应条款进行处理。如果你不依据公司规章制度办事，人们就不会遵守公司的制度，继而开始滥用你的宽厚仁慈。如果你不坚持按规章制度办事，那么规章制度就会形同虚设，你的管理就会陷入混乱。

5. 你不需要做老好人。你要做到的是公平

作为管理者，你不得不作一些棘手的决定。在最好的工作环境中，员工了解他们会得到公平的对待，了解你对他们的期望是什么，以及如果不遵守公司的规章制度，会受到怎

189

样的惩罚。你不可以要求一些员工遵守规定，而不要求另一些人遵守。如果你这么做，获益一方了解了你的做法，可能会加以利用。没有获益的一方也将得知真相，感觉受到了不公平待遇。这将摧毁他们的道德，企业会陷入昂贵的诉讼。

你不能厚此薄彼。当你特别喜欢的某位员工搞砸什么时，你就会特别不愿按公司规章制度对其进行处罚，你也许会做出厚此薄彼的事情。但是，你不能对那些你更喜欢的员工，或是更有生产力的员工，抑或是你认为特别有价值以至于不能失去的员工，采用与其他员工不同的规章制度。在你第一次纵容违反规定的员工，不依据规定给予处罚时，规章制度从此会成为一纸空文。其他人就会认为他们也可以违反规定，他们真的可能这么做。偏袒已经导致不少企业遭遇法律诉讼，这些企业为此花费了许多钱。

规章制度可以与时俱进。当你的企业成长了，或者法律环境发生了变化，有时规章制度应根据企业所处环境的改变而发生相应的变化。如果有人将你告上法庭，无视法律会使你处于不利地位。因此，你的企业的规章制度应与你所在地的法律条文相吻合。

当你不得不作出艰难的、令人不快的决定时，要让每一个人都了解你不愿意作此决定，每一个人都会得到平等对待。要表现出公平感，让人们觉得不会受到孤立，这样人们就更快地接受变化。

6. 要有明确的评价标准

业绩评估是生活中的现实问题。作为管理者，要切实明白你用于绩效评估所使用的标准。作为雇员，也应明白企业是依据什么对你作出评价的。在员工开始工作之前，评价标准应以书面形式作出，并由老板和雇员双方签字。如果你的工作任务有什么变化，或者有什么补充，就应明白这些改变是如何影响对你的业绩评估的。所有改变都应以书面形式记录下来。

同样，要以书面形式将评价标准告知员工。应在每一季度对评价标准进行复审，并及时更新。这样，在进行绩效评估时就不会引起争议。

如果你拥有自己的企业，应该怎么做呢？你制定的业绩评估标准应包括：对员工的最低要求，如何留住员工，如何留住顾客。如果你的企业在盈利的同时，离职率也很低，那么你的业绩评估标准是可以接受的。另外，你的顾问委员会将帮助你跟踪保持你设定的目标。

7. 要有处理性骚扰问题的规章
制度，并照章办事

这绝对是一件严肃的事。你也需要针对性骚扰问题进行持续培训。有许多男性和女性受到上司或下属性骚扰的故事。可惜的是，许多时候，人们不是选择汇报这类事件，而是选择辞职；你会由于失去一个好员工而感到迷惑。大多数时候，员工离职是由于找不到解决问题的办法，不愿意再忍耐下去。

有些时候，员工会诬陷管理者对他进行了性骚扰。在这类案例中，人们会立即汇报问题，并对事件作出公证。

Esq. 公司的罗宾·邦德将处理性骚扰问题作为其法律实践的一部分。罗宾认为防范这类问题的最好办法是制定一个好的政策，持续培训，需要时依据相应政策来处理。

8. 雇用比你聪明的人

聪明的人能够帮助你成功。他们可以让你的工作变得更顺利。关键是要建立工作目标，并让他们自己做好自己的工作，必须要对他们进行微观管理。不要嫉妒。不要拖他们的后腿；倾听他们的想法。也许他们懂得会比你多。

9. 鼓励不同意见、讨论和争论

"三个臭皮匠顶一个诸葛亮"，此言不虚。让许多人共同解决问题比你一个人独自应对问题要明智得多。最成功的会议是那种鼓励公开辩论的会议。但是，不允许刻薄的言论。目标是要解决问题。大多数情况下，开始的想法往往不是最好的，通过辩论常常能找出正确的解决之道。

相信自己的能力能帮助你鼓励辩论——鼓励辩论仅仅是因为某位员工有最好的想法，这并不是对你能力的贬低。作为管理者，最后的决定靠你自己作出，你只是通过鼓励辩论来确认自己最初的想法是否是最好的。在讨论和辩论过程中，为了能得到更好的主意，你应采取开放的态度。即使最好的主意不是你想出来的，你也应该采纳。如果你不这么做，你也许会最终失去工作的。

10. 公开表扬，私下批评

人们喜欢正面肯定，如果你的员工看到表现好的人得到肯定，他们会受到鼓舞，向表现优秀者学习。另一方面，当人们当着别人的面受到惩罚时，他们会觉得尴尬。如果你不得不在会议上讨论负面的议题，不要指出涉及问题的人或者错误的责任人。大家可能在会前已经知道是谁犯了错，开这样的会议已经是一件尴尬的事情了。你的目的是要解决问题——在会上说清楚发生了什么样的问题，然后让大家讨论怎样做才能保证问题不会再次发生。如果你鼓励开诚布公的讨论与辩论，你也许可以得到有创意的解决之道。

即使开一个处理负面情况的会议，除非所有人都犯了错误，否则不要暗示具体是哪一个人犯了错误。一定要以正面积极的总结结束会议。这样做是至关重要的，这样员工们散会后就会带着良好的心情返回工作岗位。

11. 知道如何管理不同个性的人

学会如何最好地与员工进行交流。讨论问题时，不同的人会有不同的反应；与一些人交流可以开诚布公，与另一些人交流则需要更多的技巧。可以与有些人就个人问题进行交谈，而其他一些人则认为工作之外的问题不应与他人讨论。对一些雇员，你可以提高嗓门，而对另一些员工，你就不能这么做。一些人能很快适应变化，另一些人则更愿意维持现状。

了解一个人的个性，可以帮助你确定他是否适合去做一些特殊工作。了解大量的个性信息可以在招聘过程中给你提供帮助。这些信息可以促进团队交流，促进相互宽容。多数时候，对这些个人信息资料的了解可以帮助你以及员工建立团队精神。当团队成员了解了这些个人信息后，他们就会更好地了解如何与人沟通，以及团队内部的其他成员的沟通方式。这就可以促进相互交流，减少工作中的摩擦。

12. 承担有限风险

多数管理者有些时候会愿意尝试做些与常理相反的事情。这样做有助于使团队有信心超出常规，这可以增强团队为你和团队的目标而奋斗的能力。同时，当你或者团队成员犯错误的时候，作为管理者或者团队领导，你就应勇于承认错误，并承担责任。

敢于冒风险是管理的一部分。"不作决定"就是一种决定。"不作决定"常常使雇员们感到灰心丧气，也会使他们失去对你的尊重。做好自己的事，相信自己的勇气。做好功课，相信自己的直觉。你通常能做对。

13. 将家庭和生意分开

这一原则适用于从大型股份制企业到家族企业的各类公司。管理者们应警惕雇员将私事带到工作中来。如果一位在通常情况下工作效率高的员工出现工作效率下降的情况，而又没有任何明显的原因，其真实原因通常是家庭问题。你需要找他谈话，如果需要，要给他时间来处理家事。告诉他你需要他有效率地工作，希望他在工作时集中精力，但是你也理解他正处于艰难时期，他也许需要些时间恢复。

在家族企业中，当一位家庭成员认为他在工作中有特权，而表现无效率时，企业主和管理者不得不作出艰难的决定。作继承决定也是困难的。如果问题不能解决，企业主与管理者就会倍感压力。我们在"老爸无法作出决定"这一故事中，横在父亲的第二任妻子与其年幼孩子们面前的绊脚石被解决后，所有事情都迎刃而解了。

如果非家庭成员需要通过接近家庭成员，而不是工作来获得晋升，他们很可能会感到不满，好的员工会离开。这样的情形出现在"我制定了反裙带关系的政策"一文中。家庭问题会影响工作业绩。要尽可能将家庭事务与工作分开。

14. 遵守员工守则

每一家企业都要制定员工守则，其中要规定哪些行为是被允许的，哪些行为是不被允许的，以及违反守则会受到怎样的惩罚。其中还应包含对员工在工作中的行为的指导性规定，以及对不当行为的处罚条款。无论好坏，只要这些规定白纸黑字制定出来了，每个人就必须遵守它，即使它可能带来伤害！受宠的员工应与不那么受宠的员工遵守同样的规定。否则，企业会由于未依据规定平等地对待每一个人而被告上法庭。

所有的员工守则都是不同的。在一些地区，制定员工守则时应考虑一些特殊的重要因素。因此，员工守则应经由一位劳工律师的审核，尽管这需要花一些钱——安全比后悔好得多。从长远角度来看，这可以为你节省很多钱。

员工守则可以以一封来自总裁的、表达对新员工加入公司的欢迎信作为开头。这封信至少要包括公司的管理理念，对雇员如何服务于顾客，如何与同事相处的期望，以及对员工的工作质量的期望。这封信通常有一页纸的长度，为整个文件定一个基调。

迎新之后，员工守则应触及以下几个方面：

（1）服务顾客。应指出顾客是企业的衣食父母。

（2）质量。明确提出员工应在第一时间将自己的工作做好。如果员工不明白企业对其工作的期望，他应向经理咨询，没有什么问题是"愚蠢的问题"。

（3）承认错误。此处要表明公司对忠诚的要求。

（4）工作保障。写明能否保住工作依赖于企业的成长和盈利状况。

（5）灵活的雇用策略。即使过了见习期，在一些情况下，员工也可以在任何时候离开公司，或者被解雇。

（6）正常的工作时间。描述公司正常的工作时间。然后要说明例外情况。

（7）加班加点和培训。表明公司对于参加培训和加班的支付策略。对在工地工作的雇员，和在办公室工作的员工要有不同的规定。

（8）试用期。典型的试用期规定为 90 天。90 天试用期结束后，就可以成为正式员工。

（9）紧急情况。规定如果出现事故、生病或者其他个人的紧急事件，应该怎么办。建议员工在规定时间范围内汇报情况。

（10）正常的发薪日。向员工说明公司的工作时间管理（有关上下班打卡的规定，或者时间记录的规定）。说明发薪时将参照员工的时间管理记录。

（11）业绩评估。描述业绩评估标准。在员工守则中要包括一份业绩评估标准的副本，这样员工可以看到它的确切内容。

（12）规定哪些行为将立即被解雇。描述清楚哪些行为会导致立即被解雇。这类典型的行为包括：非法吸毒，非法酗酒，或者由于吸毒、酗酒影响工作，盗窃，篡改时间记录，拒绝服从监督人员的监督与领导，使用侮辱性语言，性骚扰。

（13）处罚规定。通常这类规定类似于"三振出局"的条款。这类规定的副本也应包括在员工守则中。

（14）无毒品工作场所。每个地区都有不同的药物检测，违规用药等相关规定。这些规定涉及事故发生24小时之内要对责任人进行药物检测的相关细节。公司的工人赔偿保险运营商可能要在这里插入一些相应条款。有关药物的规章制度可以放在这里，也可以放在附录中。

（15）饮酒。说明有关在工作场所饮酒的相关规定。

（16）性骚扰。至少要说明对这类事件的报告制度，处理细则，以及相关培训规定。

（17）保密。员工不得向客户、其他员工以及任何人透露企业的保密信息。说明对于泄密者的处罚规定。

（18）着装规范。说明企业希望员工在工作时的着装规范。

（19）使用机动车。如果员工驾驶属于企业的机动车，那么他必须遵守一些特定的规定。这些规定包括对私人用车、维修、清洗，允许什么人驾驶，以及员工遇到事故时应如何应对等相关条款。

（20）公司电话与电脑的使用。说明有关公用和私用公司通信设备的使用规定。如果员工要为私用这些设备而付钱的话，这里也要说明员工应如何向公司支付这些费用。

（21）节假日。说明公司关于带薪休节假日的规定。说明当员工享有带薪休节假日期间，而节假期正好赶在星期日时，应作出怎样的调整。

（22）病假。如果企业规定有带薪病假，那么要规定带薪休假的天数，以及在带薪休假期间的工资如何支付。

（23）奖金。如果公司有奖金制度，要说明哪些人有资格享有奖金，奖金是怎样确定的，以及奖金如何支付。

（24）休假。说明休假期间的付薪规定，以及随着工龄的增加，假期如何随之增加的规定。

（25）履行陪审团义务和服兵役。描述员工履行陪审团义务，以及服兵役期间的付薪规定。

（26）家庭成员亡故。规定直系亲属的丧假。

（27）工人抚恤金。这类政策与执行细则通常是由地区政府规定的。从你公司的工人赔偿保险公司索取相关信息，并抄印在这里。

（28）健康保险。应在这里提醒如果雇员有资格参加健康保险，那么他要参加这一保险计划需要做些什么。

（29）退休金。如果企业有传统退休金计划，或者其他退休金计划，要说明加入退休金计划的资格，如何加入，以及这一计划如何管理的相关规定。

（30）安全守则。说明员工如何在工作中保证安全，当看到不安全的情况时应采取什么措施。在这里应该有一份关于遵守职业安全和健康管理局的政策的声明。

（31）雇主关于机会均等的声明。

在员工守则的末尾，应有有关各方签字的地方，同时要附上员工的个人资料：

我已阅读以上规定，以及规定实施程序，包括针对使用毒品和酗酒的相关规定，并同意依据本规章制度约束自己的行为。

_____   _____

姓名   日期

我证明该员工以上的签名真实有效。

_____   _____

监督人   日期

15. 不要在情绪激动时作出解雇决定

发怒是一种情绪化的状态。当你处于情绪化的状态时，你是不能进行理性思考的。如果在处于情绪化的状态时，直觉告诉你要解雇某人，你一定要等自己平静下来之后再采取行动。当头脑冷静下来时，你才能进行有逻辑的思考，此时才是你作出重大决定的时候。

16. 解雇时应怀有"道是无情胜有情"的心情

如果你不得不开除一个人，应本着"无情的同情"的态度，以专业化的方法来处理这件事。

无情：无论员工怎样表现——争吵，哭泣，尖叫，大叫，抱怨——都应解雇他！即使许多人跟你说他是你最好的员工。

同情：要以可能的最好方式，在私下场合解雇人。

解雇和裁员在雇主和管理者的生活中都是不愉快的经历。这些虽然不是什么令人感到愉快的事，却是你工作中必须做的事，因此本着无情的同情的态度去做。如果一位员工是一个天才，只要他不适合正在从事的这份工作，你应尽一切可能去尝试为他推荐一个更适合他的才能的职业生涯之路。

17. 说 声 谢 谢

团队员工的成功就是你的成功。对员工们说声谢谢，衷心地感谢他们的辛勤工作。他们是你的支柱，没有他们的支持，你将无法生存。对员工说声谢谢是你能做的最容易，也是最值得赞赏的行为。管理者们往往对犯错的团队成员说的批评的话要多于对一位作出出色成绩的成员所说的赞扬的话——人类倾向于对负面的情景的记忆时间多于对正面情景的记忆时间。好事不出门，坏事传千里。花时间对作出成绩的员工说声"谢谢"。将员工作出的成绩记入他的人事档案中。在对员工进行绩效评估时，你既要看到他的优点，也要看到他的缺点。

有许多简单易行的办法对员工说"谢谢"：当你在大厅中与一位员工相遇时，给他一个热情的表扬；在工资袋里加一个表示感谢的字条；给他的配偶写封表扬信；就他的良好工作表现作一份备忘录交给他的老板。所有这些都不必花很多时间，却都能达到良好效果。

第三章　促使新管理者继任
成功的六个步骤

　　培养管理者是一个具有不确定结果的长期过程。你认为可以接替你成为下一人管理者的那个人也许并不想做管理者，或者他会尝试一下，之后发觉自己并不喜欢做管理者，随后就离开管理者的岗位。或者会由于一些完全不相关的事情使你的想法落空——比如他的妻子或者其他关系密切的人在另一个城市得到了升职机会。另一方面，你也许会偶尔发现什么人能够继任你的岗位，负起责任，并且做得很出色。

　　当选择继任者时，眼光不要局限于那些已经在管理岗位的人选。你也许会发现某位现场工作人员或者非管理岗位的工作人员渴望成为一名管理者。我认识的许多人都试图走上管理岗位，尽管有些人相应的能力在一般的非管理人员之下，但他们在管理岗位上还是干得相当出色。作为一名管理者所需要的技能不同于作为一名非管理者所需要的技能。要打开思路，要尊重你将要提拔为继任者的下一任管理者。

　　以下是成功提携继任者的六个步骤。

第一步：确定他需要多少信息

首先，要为所有经理建立评分卡。如何评价他的工作？他的部门是否达到了财务预算目标？销售业绩是否有所增长？生产是否有所增加？支出是否减少？以及考察其他评价指标。他需要了解他的团队是否运转良好，如果出现问题，就要了解问题出在哪里，以便能够解决问题。这些目标以及测量指标应由新经理传达给他团队中的每一位成员。

要建立精确的记分卡，确定其中哪些信息是他需要的。确定哪些信息需要保密，哪些信息可以分享。如果允许他接触部门的财务报表，他就必须了解如何去阅读它们。这对于新任经理来说往往是一种挑战。然而，通过恰当的财务或会计课程，这一问题可以很快得以解决。

哪些财务方面的数据可以与员工分享？一些公司的所有财务收据都对员工保密。这些公司的员工完全不知道他们是如何给公司带来利润的。这些公司的大多数员工感觉公司和公司高层赚了很多钱，实际上公司和公司高层所赚的钱比他们想像的要少得多。

另一些企业与他们的员工分享财务数据。企业主和财务经理教员工怎样看企业是否盈利，员工们是如何为企业获得利润的，以及为什么员工们的工作对企业的生存至关重要。这样，员工们就能明白自己的盈利能力以及整个企业的盈利能力。他们也就明白他们是如何影响盈利能力的。他们并不了解有关每个人的工资收入以及管理费用的详细信息，但他们至少知道自己的贡献所在。在这类企业中，当出现盈利能力方面的问题时，员工们会积极地想办法去解决问题。多数时候，奖金是根据生产率来计算的。杰克·斯塔克的《伟大的商业文化》一书就提供了一个如何做以上工作的经典案例。

你，作为企业主或者管理者，必须确定有多少信息可以与员工分享，又有多少信息可以与新任经理分享。新任经理必须了解你信任他，因此你与他分享有关他的部门和公司的保密信息。他必须学会向员工传达准确且概括性的信息，而又不透露更多细节。

开始培养新任经理时，最好的办法是与新任经理至少一个月组织一次绩效检查例会。在会议上，应讨论对每一位团队成员的测评要求，以及每位成员怎样做才能达到目标。根据公司的规定，你也许还可以讨论些财务信息。之后，应让新任经理主持讨论。如果你足够信任你的新任经理，给了他接触整个工资财务报表的权利，那么他应汇报他的部门的财务状况，这关系到整个公司。他应指出所发现的问题，并着手去解决问题。

需要根据完成目标的情况对团队员工和经理们作出评估。要确保新任经理获得正确的信息，这样他才能取得成功。

第二步：将新任管理者介绍给他的团队

在小组会议上，将新任经理介绍给他的团队。在会议前，要找新任经理谈一次话，让他准备在会议上的讲话。讲话应简明扼要，表达出他期望与团队成员共同协作，帮助每一个人完成目标的意愿。他应重点强调在人们需要时，他可以提供指导和帮助。

如果新任经理是由内部提升的，那么就不需要对其背景进行介绍了。如果新任经理与团队是第一次见面，在会议上就要开诚布公地介绍他的履历，他的成果，以及他将要做些什么。你要先表达对新任经理的信心，然后请他发表演讲。

会议要简短，同时也要给每个人提问的机会。有些涉及过去的事情或者难以理解的公司规章制度的问题会比较难以回答，而你作为有经验的经理应该帮新任经理来回答这些问题。但是你不能主宰会议的谈话——这个会议是为新任经理而开的。你只是来支持新任经理的。

第三步：责任，权利和义务

管理者需要对工作有责任心，拥有完成工作所必需的权利，对各种可能结果（好的或坏的）承担责任。给予管理者责任和义务比给予他权利要容易得多。作为一名管理者，去监督工作过程，不亲力亲为去做一些急需做的工作（这些工作本应由下属去做），有时是件困难的事。如果你不同意你的经理的做法，那么你应私下与他讨论你的想法。如果你急着插手他的工作，过度约束他，那你就会破坏他的权威。

举一个例子：假设你的一位新任经理负责建筑产品的销售。你就在 Y 日期前使销售增加 X 个百分点的目标与他协商，并达成协议。明确目标后，应要求他给出如何激励团队达成这个目标的具体想法。你也许可以给他写建议，但一定要明确，他是作出决定的人。他有义务，有权利，有责任完成任务。他必须理解并同意承担完不成任务所带来的后果。要让他明白他随时可以向你咨询相关问题，你随时可以帮助他，但是你不会插手他的工作。

如果一位团队成员找到你，试图推翻新任经理的决定，你必须告诉他你支持新任经理的决定。你不能推翻你的经理的决定，即使你不同意这一决定。你应私下里找他谈，并听取他作出这一决定的理由。如果你与他一起找到了不同的解决方案，那么也应由他来具体执行。

你的工作是进行过程管理。这就意味着你需要观察，并当人们需要时，提出你的建议。只有当你看到一个明显的错误将有害于你的部门或公司时，你才应拿主意。如果你看到了这样一个明显的错误，要私下与新任经理交谈，解释清楚为什么他的做法是一个严重的错误。你要求他提出改正措施，如果你同意他的改进方案，那么就责成他去具体实施改进方案。

当一位新任经理做了一些你可能不会做的事情，而且这种做法是错误的话，置身事外对你来说是最困难的事情之一。但是你不能插手。新任经理做事情的方式也许确实与你不同，但是他们将来会把工作做好的。只要他们以符合道德规范的、合法的手段达到期望的目标，只要客户能够满意，那么大家都是赢家。

第四步：从教训中学习

以下一些东西是你应该教给新经理的：

（1）你不能与为你工作的员工交朋友。这可能是新经理要学习的最艰难的一课。要教导新经理，必须友好地对待团队成员，但是不能与他们成为朋友。要让他明白，这样做是因为在工作中他必须保持客观性。从公司内部提升的新经理，刚刚上任时可能会感到孤独，有时他不得不去寻找全新的朋友圈子。

（2）坏消息不会自动消失。人们不愿意处理棘手的问题；他们总是希望忽视问题的存在，问题就会自动消失。新经理必须学会及时处理问题。如果忽视问题，情况就会变得更糟。教导他们向所面对的棘手问题开战。他正处于掌控权力的位置上，这意味着他对所管辖的工作的业绩负有责任。他必须学会快速地应对和解决问题。

（3）公平对待团队中的所有成员。一个经理要做对所有人都公平的事。有些人会喜欢你所做的，有些人则会不喜欢，但重要的是你所做的决定要对公司有益。一位经理不能做那些偏袒一方，而有损另一方的事情。例如，如果一位表现良好的雇员要求升职，并以离职相威胁，那么同意他离职是比较好的办法。如果他通过这一手段获得了升职，那么每一个人都会知道通过离职威胁可以获得升职。这可不是一个经理想要的工作环境。

（4）依照公平的原则实施惩罚。你不能让某个违反公司规定的人逃脱惩罚，却惩罚另一个同样违反这一规定的人。每一个人都应遵守相同的规则，那些犯了同样错误的人应受到相同的惩罚，对任何违反规定的人都不能姑息。

（5）及时回电话。如果你的某位顾客感到不满，你应立即处理他的问题。如果你认得这位客户的名字，也知道是哪位团队成员与这位客户接洽的，首先要找这位团队成员谈话，让她回忆一下当时的情况，找出那位来电话的顾客不满的原因。搁置客户的质询只能使客户更加不满——尽量在24小时内回电话，并解决客户提出的问题。毕竟，客户是你的衣食父母。

（6）你不得不作出些艰难的、不得人心的决定。经理和企业主拥有从全局的角度看问题的优势，如果什么事情进展不顺利，他们有责任去改进。如果改进意味着取消加班，缩短工作时间，裁员，等等，经理要负责作出决定，并执行决定。如果改进是涉及解雇某些不能胜任工作的人，经理也同样要负责处理。

（7）保持客观性。有时，对那些在你提升之前就曾与你一起工作过的人，保持客观性是一件困难的事。如果你曾与某人并肩工作过，那么你会了解他的缺点。你可以客观地对待他的缺点与错误吗？也许，由于他是你的同事兼朋友，你会帮他掩饰他的失误。如果现在你是老板，你能应对你的同事兼朋友所犯的错误，并给出恰当的处罚吗？

第五步：雇 用

经理们必须善于雇用之道——你在雇用时做得越好，你不得不解雇人的可能性就越小。在雇用之前，你就应做好详细的职位描述。新员工应做哪些工作？对其技术水平有何要求？其工资水平在什么范围内？有怎样的晋升机会？是依据新员工能够带来多少收益，还是依据其能够减少多少开支来评价他的工作业绩？

当你要找一个人来代替已离开公司的员工时，你尤其需要回答以下一些问题。那位员工离开的真正原因是什么？如果那位员工离开是因为工作压力太大，不满于对其工作业绩的评价，如果不持续加班就不能完成其分内的工作，那么你就应仔细审核职位描述。你也许会发现职位描述是不合理的，需要去修正。

如果你正在培养一位新经理，而正好公司招一名员工，那就让这位新经理来确定对这一新岗位的要求。一旦这一职位需求确定下来，那么就让这位经理亲自去组织面试。你要对于用面试提问的问题列表进行审核，并且要让新经理了解什么可以问，什么不可以问（问题中不可以涉及种族，信仰，家庭，性取向，用药史，等等）。要让他尽可能多问些开放式问题，因为招聘时开放式问题比封闭式问题更有用。要与他一起作实战演练，这样当他真的进行面试时就可以比较放松。

面试后，新经理必须审核应聘者的推荐信，并与你讨论相关问题。新经理如果认为某个人合适，他可以决定雇用这个人。要提醒他，如果他雇了这个人，但这个人却不能胜任工作，那么他就有责任解雇这个人。没有人喜欢解雇人的工作。

第六步：解　　雇

解雇人永远都不会是什么愉快的经历。但是，这是管理工作的组成部分，是新任经理必须了解的，有时也是必须做的事情。尽管已在企业里工作了 25 年之久，我还是痛恨解雇人。裁员与解雇都是困难的事情，而裁员有时会更加艰难。因为裁员的原因是企业的现金流不足，而不是由于被裁的员工自身有什么错，因此，裁员时如何做到公平不是件容易的事。

一般来讲，企业中的裁员规定有两种类型：一种是"三振出局"，另一种是"如果犯了足以被解雇的错误，将立即被解雇"。如果你所在企业对于行为不当或者能力欠佳者制定的是"三振出局"的解雇政策，那么就要有人帮助新任经理审核口头或书面警告的措辞。经理应给犯错的人改进的机会，同时也必须规定其改进过程的时限。具体做法应通过讨论形成书面文件，并由经理、犯错的人以及证人三方签字。如果出现第三次犯错的情况，那么解雇决定对任何人，尤其是对于被解雇的人来说都不会有惊诧的感觉。另外，当一位新任经理解雇人的时候，应有其他两个人来协助他。

培养新经理需要时间，需要个性和态度的良好结合。没有什么可以保证你一定能成功。然而，如果你发现了一位合适的人选，他可以为团队创造良好的氛围，从而促进他团队的工作效率和盈利能力，进而让你面子上好看。那么就不要凡事亲力亲为了，将工作指派给他，而你则负责检查他的工作成绩。专注于你自己的职责，相信你所选的人，让他去处理细节问题。

第四章　七条最大的管理神话

根据我的经验和研究，以及管理者们与我分享的这些故事，我为最大的管理神话总结了一份清单。如果你犯过其中所列的一些错误，希望你从痛苦中汲取教训，从而避免再犯相同的错误。如果你没有犯过类似错误，那么千万不要去尝试！避免这些错误能使你始终走在通向成功的路上。

神话之一：雇员能读懂你的思想

你希望雇员能自动领会你对他们的要求。遗憾的是，他们不能读懂你的思想。当他们不能如你预期的那样做时，你会感到挫败、愤怒、沮丧，但是他们不能凭直觉猜出你对他们的要求。你必须清楚明了地与他们沟通你的期望。

如果你看到一位员工做错了事，你就应让他知道自己犯了错，并要求他着手改正错误。许多时候，员工并不清楚自己做错了事，如果你不指出来，他也许永远都不会知道。除非你向他说明真相，否则你即使知道真相也于事无补。

要用语言来沟通。赞扬正确的，更正错误的。明确说明企业的目标，并为团队的每一位成员设定旨在促进公司发展的目标和完成目标的步骤。

神话之二：你与雇员可以成为朋友

永远不可能。你可以也应该对雇员态度友好，但你不能成为他们的朋友。你在他们面前要树立权威，因为你有权评估他们的工作表现。如果你像朋友一样对待他们，他们就不会尊重你，如果他们不尊重你，你就会成为一个无效的领导。管理工作可能是孤独的，尤其当你是从内部提升到管理岗位时。你需要在工作中建立全新的朋友圈子。

神话之三：雇员与你有相同的议程

你的雇员不是你——他们并不拥有与你完全相同的目标和愿望。这可能导致冲突，尤其是当他们的目标与你作为管理者的目标完全不同时，更是如此。你可能下意识地去拖那些比你更有雄心的员工的后腿。这会导致挫败和不满。

明白团队成员的目标是什么，这样你可以帮助他们达成目标。当然，无论怎样，他们是你的团队中有生产力的成员，但是如果他们能够处理好团队目标和个人目标的关系，他们就可以为自己的进一步提升做准备。

神话之四：雇员与你具有相同的工作理念

他们与你可能有不同的工作理念。你也许愿意为了取得进步而在工作中投入更长的时间，而你的团队成员可能并不愿意这么做。你是为了工作而生活。他们也许是为了生活而工作。

这一神话尤其为小企业主们所信奉。你认为雇员会像你一样勤奋工作，如你一样可以接受很少的回报。雇员对企业不会有你一样的激情。他们只是把它看作一份工作，而不是像你一样把它看作是生命。

要接受雇员不会像你一样勤奋工作的事实。然而，他们的工作努力程度与你付给他们的报酬相符吗？他们具有生产力吗？如果对于以上两个问题的回答是肯定的，那么就请接受雇员不愿意在工作中投入更长的时间的事实，也不必因此而责备他们。

我们可以从员工行为的角度来看待这一神话。他们的行为符合道德规范吗？他们采取恶性竞争的手段吗？他们为了获取成功采取欺骗的手段吗？你的员工守则应对恰当行为作出规定。如果某位员工没有遵守或违反了其中的某项规定，他就必须受到惩罚，即使他是最具有生产力的员工也不例外。

神话之五：你可以改变别人

除非你的员工是个孩子，否则你无法改变他的价值观。一个人的成长环境对他成年后的行为方式有着巨大影响。

研究显示，当一个孩子年满 18 岁时，他的价值观就已经确定。实际上，一个孩子 10 岁时，他的大部分价值观就已成型，而且在随后的青少年期已很难改变。

试图去改变别人将会徒劳无功。他们也许会改变很短一段时间，除非有特殊的原因或者什么重要的情感实践令他们猛醒，否则他们会走回老路上去。去寻找那些具有你需要的行为方式的人们，教导他们成为有生产力的员工所需的技术。

神话之六：你可以独自完成目标

你需要他人的帮助来达成目标。如果你想要取得成功，得到加薪，获得升迁，你就需要与并肩工作的人们的帮助。如果你想要自己做好所有的事情，你一定什么事情都做不好。最好的管理者教导团队成员那些为取得成功必须做的工作，并确保他们能够完成这些工作。

向员工征求想法和建议；走进工作现场，在员工进午餐的地方吃午餐（休息室，咖啡屋等地方），坐在招待员的旁边，与员工们交谈。问他们有关工作的问题，倾听他们的回答，根据他们的建议改进工作。员工对于如何改进工作有着很棒的想法；如果你不主动向他们征求意见与想法，他们一般情况下是没有足够的勇气向你提出建议的。

我熟悉的大多数成功的企业都是与员工共同设定目标，并为完成目标的人员设立奖励办法。这是激励员工的一种方式。

神话之七：员工是无法替代的

实际上，没有人是不可替代的，甚至包括你自己。你最有生产力的雇员也许会在上班的路上被一辆卡车撞倒，顷刻间失去生命。如果他突然走了，你该怎么办？每一个人，包括你自己，都可能在某个时候离开公司。如果你认为员工是不可替代的，那么他们就会拥有凌驾于你之上的权力，他就能够逃脱做些与达成你的目标相左的事情而应受到的惩罚。他们可以无视公司章程，因为他们认为自己不会被解雇。你将遭遇混乱的局面。

破除这七个神话可以帮助你成为一个好的管理者，并帮助员工尊重你这样一位管理者。

第五章　至理名言

　　本书所提及的管理者为目前和未来的经理们提供了许多至理名言，他们希望这些至理名言能帮助其他人取得成功。

　　应善于说，"我不知道"。应接受这样的事实，其他人有许多经验可以教给你。你通过向他人求教不仅可以得到他人的知识，还可以得到他人的尊重。

　　要有幽默感。

　　要了解团队中每个人的贡献是什么。每个人都是重要的，每个人都应明白自己在公司中的位置。

　　如果你是管理者，你要对整个团队的表现负责。如果出现问题，你就应该承担责任，而不应责备团队中的某个成员。当管理部门找你谈话时，你应为整个团队承担责任，而不是去责备任何人。另外，你应私下里处理团队中那个犯错误的人。

　　记录有关每一件涉及年龄、性别、种族、信仰和宗教的事件，无论这些事件看起来多么微不足道。因为你并不知道每个人的动机，也许之后需要查阅记录文件。这些文件需要进行公证，但应选择公司外部的公证人；选择为律师事务所工作的公证人比较好。

　　当负面事件发生后，不要花费太长的时间去讨论它。应立即采取行动以避免小的事件蔓延为大的危机，从而分散所有人的注意力，使人们不能安心工作。

　　管理销售人员就如同抚养小孩。为了使销售人员取得成功，你必须扮演保姆、指导者、引领者等一系列角色。

　　尽快掌握必需的管理技巧。如果需要，去参加管理培训。如果你所在公司不提供这样的培训，就去寻找公司以外的培训机会。

　　雇用家庭成员从来都不是达成雇用目标的好办法，尤其是在一个大型的、可以上市交易的公司中。实际上，这样做往往被证明是你不能实现目标的原因。必须有切实可行的留住人才的策略，你才能实现雇到人才的目的。对于雇用和解雇工作，一个公平公正的团队领导是至关重要的。

　　你必须做正确的事。如果有才能的人感觉受到了不公正待遇，他就会离开公司。

　　甚至在人力资源部门，耐心和游说能力也是必须的。你必须有能力向你的上司、同事、下属兜售你的想法和理念。你需要耐心去做你认为对的事情，尤其是遇到很多阻力时更应该坚持。

　　公司与员工同等重要。保持一个积极向上的工作氛围是成果的关键。要尽可能像家人一样对待雇员。要了解员工在工作以外的生活状况，以及他们的生活状况是如何影响他们的工作表现的。

　　你作为领导者，应具有引导能力。如果你热衷于自己所做的事情，团队中的每个人都应关注它，并对此有一个积极正面的态度。为了成功，你需要每个人向相同的方向努力。让每个人与你并肩战斗，而不是为你工作。

如果你尊重雇员，你的客户会得到尊重。如果客户看到你有一个良好的团队，他们会乐于与你打交道，进而乐于不断地给你生意做。

健康的讨论和争论机制是重要的。如果团队只扮演橡皮图章的角色，你根本不会知道他们的真实想法。雇员工作在第一线，他们的一些想法可以促使团队向不同的但更好的方向前进。

找一个能够帮助你的指导者。

遇到危机时，你必须保持镇静，保持冷静的头脑。如果丧失了冷静，你就会丧失解决问题的能力。情绪激动时，你不能理性地思考问题。

为生意寻找好的顾问。局外人的视角能使你看到作为局内人看不到的东西；一定要确信他们开诚布公地与你沟通他们所看到的公司存在的问题。

表现差的人不会主动离开。你不得不请他们离开。如果公司不能明确应对表现优秀者的期望，或者他们感到不满和困扰时，他们可能主动离开。

人们愿意跟随杰出的领导。他们需要方向和纪律。事实上，当人们侥幸做成他们自知没有能力做成的事情时，是不会感到高兴的。

要告诉人们你对他们的期望是什么。人们需要知道你对他们的工作是怎样评价的。

评价雇员的工作职责和任务应以书面形式呈现。大家应对期望和要求的每一个细节达成共识。如果有什么更改，应在职位描述中加入修正，这样在拿到工作评价时，人们就不会觉得诧异。

管理员工与满足他们的愿望是两码事。希望每个人都快乐只是一个美好的愿望，但这几乎是不可能的。

如果一个员工以辞职威胁来达到他的目的，即使他是你最有生产力的员工，你也应果断地让他辞职。如果第一次出现这种情况时，你妥协了。当其他人意识到可以以辞职作为达成目的的砝码，你的公司就会出现混乱局面。

要制定正规的处理性骚扰问题的条例，要定期举行应对性骚扰问题的培训。如果公司有这样的条例，它立刻就能起到预防作用。如果培训常规化，那么就等于传递一个信息，公司对于性骚扰行为是不能接受的。鼓励人们汇报这类事件，并向大家保证公司会对此类报告保密。

如果你要解雇一个人，应当给他自尊。建议他选择一条新的职业生涯路径，并为他指出你认为他可以取得成功的新的发展方向。解雇员工时，需要有同情心。应该友好分手，而不是以争吵告终。

当两个人不能相互沟通时，就需要启动争端处理机制。这类争端可能发生在企业中，非营利组织，或者家庭内部。

如果你看到一个经理在处理争端时遇到问题，你就应主动提供帮助。这位经理，以及其团队的其他成员都将乐于接受你的帮助（并且希望从中学到东西）。

如果一位员工触犯了公司条例，即使他是一位能出色完成工作的优秀员工，你也必须解雇他。

接班计划是很难制定的。大多数情况下，家庭企业主希望他们的子女继承家业。他们有时会面临子女们或者不愿意，或者没有能力领导企业的情况。

整理一个你向每位求职者提问的问题目录。这样你可以比较各位求职者的回答情况，以帮助你作出公平的评价。

人们需要听众。认真听取他人所言。这样你能更多地了解他们，从而帮助你更有效地管理他们的行为。

在同级别员工间形成竞争机制往往能达成你想要的目标。如果对所有人的评价都采取相同标准，那么每一个人都将努力成为最优秀者。

公司的条例守则应经过熟悉雇用法规的公证人审阅。这样可以避免使公司陷入违约诉讼。在这上面花些钱是值得的。

引进新雇员可能引起不满情绪。尤其这一新生力量的引入是以改进公司现行状况为目的时。一定要鼓励其他员工向这位新员工学习。一定要防范不满情绪的产生，这种情绪会对你的公司造成损害。

管理层应向雇员传递一致的信息。一位管理者所言不能与另一位管理者完全相反。混乱的信息会造成公司瘫痪，而不是带来效率。

　　任何人都不能对他人大喊大叫，或者采取不当行为。如果遇到员工采取情绪化的、不理智的行为，你就应该首先要求他平静下来，这样才能理性地讨论问题。

　　如果某种生意与你的道德和信念相抵触，那就说明这种生意不适合你。继续做下去，你会感到痛苦和压力。

　　良好的团队氛围对于成功至关重要。如果有人总是赢家，有人总是输家，那么人们将不会再相互帮助。这样不仅有损于企业和客户，而且也有损于雇员。

　　当众表扬，私下批评。

　　雇员对公司的经营状况是熟悉的。向他们征求意见。他们对于公司该做什么，不该做什么有良好的直觉。作为经理，你需要尽可能多地征询各类意见和建议，据此作出最终决策。并就你所作的决策进行充分的讨论和沟通。

　　获得信任难，失去信任却很容易。如果你让一位经理在他的员工面前丢掉颜面，那么你将同时失去这位经理和他的员工对你的信任。

　　人们也许不喜欢你的决定。但是如果你态度诚恳地向他们解释清楚你作出决定的理由，他们大多数会接受你的决定的。要明白虽然你不能指望他们同意你的观点，但你至少要让他们了解你是怎么想的。要亲自将坏消息直接告诉人们，虽然这样做是很困难的。

　　朋友归朋友，生意归生意。在生意上，你必须一视同仁地对待所有的人，无论他们是你的朋友、雇员、分包商，还是客户。你必须以书面形式规定任务、责任、标准、预期、承诺以及要求和结果。

要勇于承认错误。老板不喜欢感到意外，他们大多数不能容忍隐瞒错误的行为；另外，忽视错误只能使问题变得更糟。立即承认错误，并从中汲取教训。

人们关注对自己来说重要的事情。如果你关注和测评人们的工作效率和效果。他们就会重视自己的工作效率和效果。他们希望知道在公司里如何能够获得成功。

雇用时谨慎，解雇时果断。

让每一个人做自己该做的事情。如果你对任何事都亲力亲为，那么你又何必招聘员工呢？如果你随时跳出来，接管他人的工作，你就是在把自己置于险境。你的雇员将不能在干中学。更糟的是，他也许根本不去做事，因为他知道你会随时让他靠边站。

你应该对自己和雇员设定相同的评价标准。你不能要求雇员做你都做不到的事情。

让具有积极正面态度的人环绕在你周围，并努力工作达成你的人生目标。观察你周围的人，观察他们对人对事的反应，以及其他人对他们言行的反应。要时刻明白你想要达到什么目标，并寻找可以帮助你完成目标的人。你不可能独自成功。

测评体系对于雇用过程是有帮助的。大多数测评体系相当昂贵，但它们却能帮助你在雇用过程中少犯错误。然而，最终决定不能仅仅依靠你所选择的测评体系的测评结果，而应将求职者的简历，可验证的工作经历，以及你的直觉等相结合进行综合分析。

管理的关键是倾听和提问。一位新经理最佳的学习之道就是向有经验的经理们求教。有时被求教者只要认真倾听，就可以使新经理找出解决问题之道。

管理好员工和盈利不是互不相干的。你应将他们放在愿意待的岗位上，并要让他们明白工作就是服务于客户，从而创造利润。

盈利是最基本的要求。不能实现盈利，即使拥有优秀的人才，企业也不能生存。每一位员工都应明白如何为企业盈利作贡献，并将这一目标时刻铭记在心。

致　　谢

我要特别感谢与我分享他或她的故事的管理者们。他们所有人都是真诚的，有时也是痛苦地为我回忆往事。我欣赏你们的坦白，我敬佩你们愿意帮助那些步你们后尘的人们。

接下来，我要感谢布伦达·贝西娅，她为我做助手超过 16 年。多年来，她见证了成长，失败，失误，以及成功。她第一次做这么长时间的口述记录工作。我很欣赏她那灵活的手指，她的奉献精神和不拖泥带水的办事风格，以及对本书的工作和其他工作的支持。

在 iBusinessChannel. com 有一群优秀的人与我共同工作。感谢他们容忍我近乎疯狂的日程安排，感谢他们能够处理好由于我忙于撰写本书而忘了事先安排造成的应急工作。

我在 Sourcebook 的队伍一直是一个伟大的团队。与你们一起工作是一种快乐和享受。我还要感谢彼得·林奇，托尼·维阿杜，以及所有在幕后为本书的形成、改进以及促使本书能够送到那些可以从中获益的管理者手中的努力工作。

我的祖父和父母塑造了我不断学习和分享的信念，现在其他人也可以从中获益了。感谢你们的那些智慧之言，最重要的是，你们多年来容许我犯错误，并从中学到这些智慧之言的真谛。特别的感谢应该送给我的母亲，她每个星期天都要看纽约时报的畅销书排行榜。这是一个旅程。你一定会在那里看到我们的书的！

感谢我的女儿，凯特。作为一个十几岁的少女，你还不能鉴赏你为我们校对的一些故事。希望你能记住它们，并在你的职业生涯中应用它们，让它们帮助你成为好的老板！

最后，我要对我深爱的丈夫，鲍勃，说一句：谢谢！

图书在版编目（CIP）数据

管理之道/（美）金著；耿林译．
—杭州：浙江大学出版社，2010.11
书名原文：The Ugly Truth about Managing People
ISBN 978 – 7 – 308 – 08068 – 2

Ⅰ．①管⋯　Ⅱ．①金⋯　②耿⋯　Ⅲ．①企业管理：
人事管理　Ⅳ．①F272.92

中国版本图书馆 CIP 数据核字（2010）第 212899 号

管理之道

（美）露丝·金 著　耿　林 译

责任编辑	叶　敏	
装帧设计	豰　剑	
出版发行	浙江大学出版社	
	（杭州天目山路 148 号　邮政编码 310007）	
	（网址：http://www.zjupress.com）	
排　版	北京京鲁创业科贸有限公司	
印　刷	北京中科印刷有限公司	
开　本	635mm×965mm　1/16	
印　张	14.75	
字　数	134 千	
版 印 次	2010 年 12 月第 1 版　2010 年 12 月第 1 次印刷	
书　号	ISBN 978 – 7 – 308 – 08068 – 2	
定　价	35.00 元